1 2 3 4 5 6 7 8 9 10
2 4 6 8 10 12 14 16 18 20
3 6 9 12 15 18 21 24 27 30
4 8 12 16 20 24 28 32 36 40
5 10 15 20 25 30 35 40 45 50
6 12 18 24 30 36 42 48 54 60
7 14 21 28 35 42 49 56 63 70
8 16 24 32 40 48 56 64 72 80
9 18 27 36 45 54 63 72 81 90
10 20 30 40 50 60 70 80 90 100
11 22 33 44 55 66 77 88 99 110
12 24 36 48 60 72 84 96 108 120

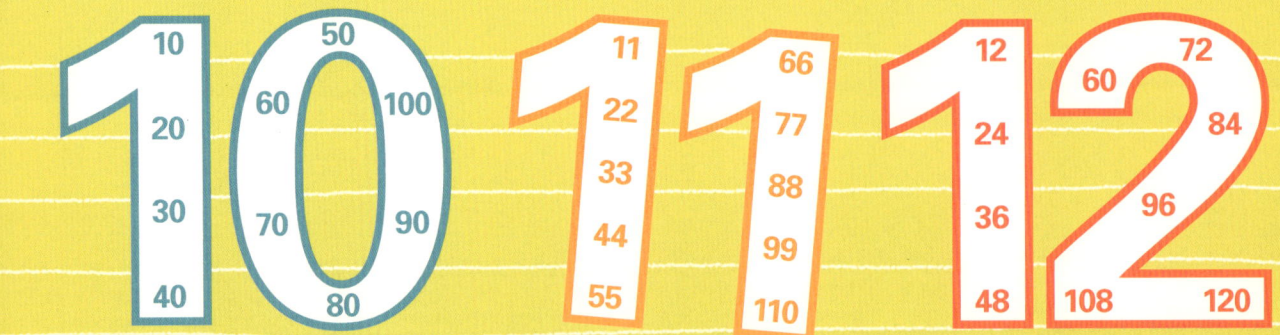

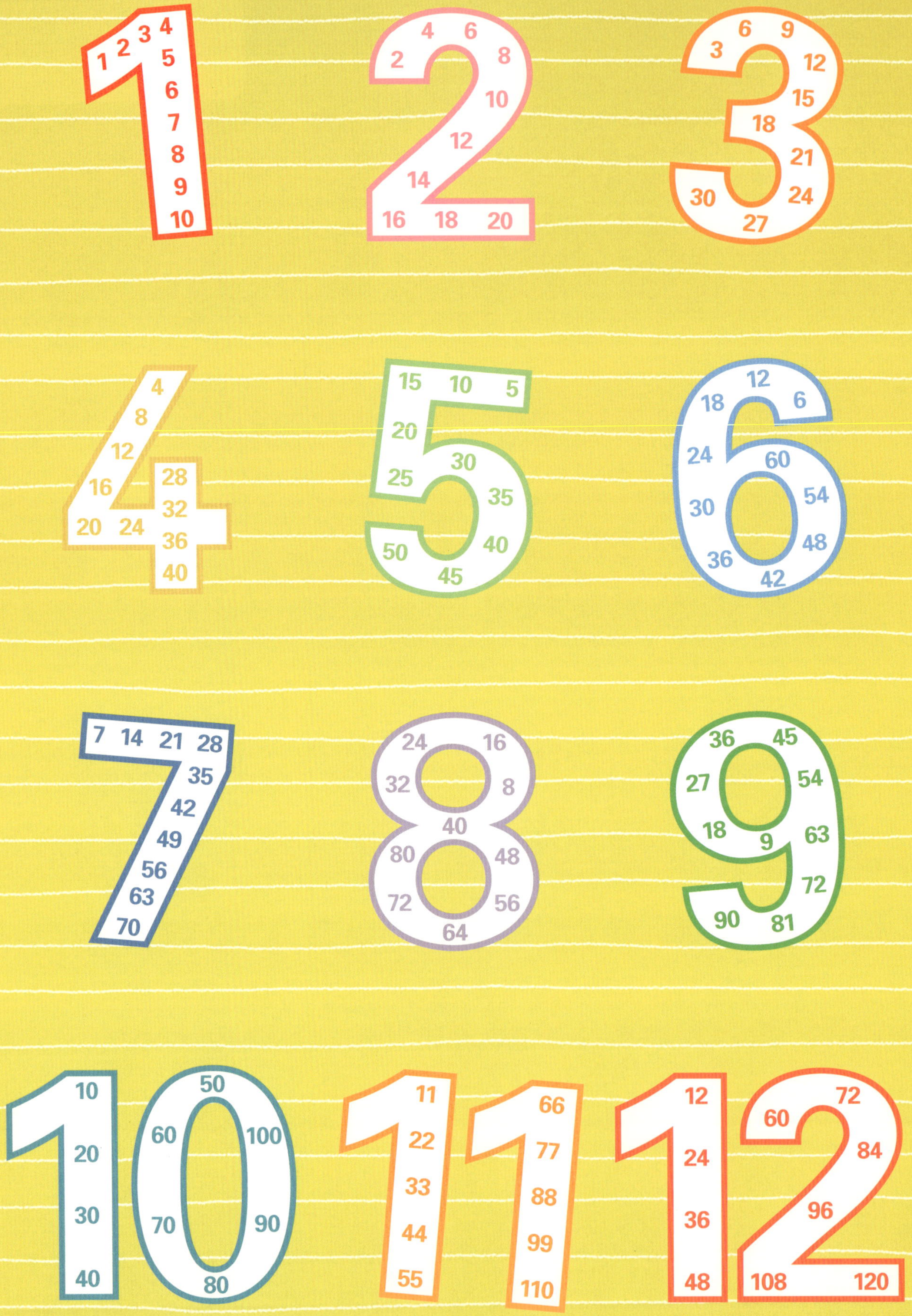

외우지 않고 구구단이 술술술

초판 6쇄 발행 2024년 7월 25일

지은이 이경희, 한지민   **그린이** 이주희
펴낸이 정혜숙   **펴낸곳** 마음이음

책임편집 이금정
등록 2016년 4월 5일(제2018-000037호)
주소 03925 서울시 마포구 월드컵북로 402, 9층 917A호(상암동 KGIT센터)
전화 070-7570-8869   **팩스** 0505-333-8869
전자우편 ieum2016@hanmail.net

ⓒ이경희, 한지민 2018

ISBN 979-11-89010-02-7 74000
979-11-960132-3-3 (세트)

이 책의 내용은 저작권법의 보호를 받는 저작물이므로 무단전재와 복제를 금합니다.
책값은 뒤표지에 있습니다.

어린이제품안전특별법에 의한 제품표시
제조자명 마음이음   **제조국명** 대한민국   **사용연령** 8세 이상 어린이 제품
KC마크는 이 제품이 공통안전기준에 적합하였음을 의미합니다.

외우지 않고 구구단이 술술술

이경희 한지민 지음 | 이주희 그림

원리로 깨치는 곱셈구구

마음이음

작가의 말

우리나라와 몇몇 나라에서만 구구단을 외웁니다. 물론 구구단을 외우지 않는 것보다 외우는 것이 계산할 때 더 편리하겠지요. 그러나 무조건 달달 외우기보다는 원리나 과정이 더 중요하다는 것을 놓치지 말아야 합니다.

이를 테면, 8×15의 값을 구할 때 9단까지만 알고 있다면
8×15를 8×9와 8×6으로 나눠서
$8 \times 9 = 72$, $8 \times 6 = 48$을 구한 후,
$72 + 48$의 값을 구하는 응용력이 필요합니다.

이런 사고를 하려면 8단은 2단의 4배이자 4단의 2배이며,
9단은 3단의 3배이자 2단과 7단의 합으로 만들 수 있다는 사실을 깨치고 있어야 합니다.
또한 0단은 어떤 수를 곱해도 0이 되고,
1단은 어떤 수를 곱해도 원래 수가 된다는 사실을 어린이들이 스스로 익히고 깨닫게 해야 하지요.
그렇게 되면 곱셈구구, $8 \times 2 = 16$에서 16이라는 수가 단순하게 8의 2배라는 사실 외에도 1을 16번 더하고, 4의 4배이며, 16을 1번 더한 수, $8 \times 2 = 2 \times 8$과 같다는 것을 자연스럽게 알게 됩니다. 그리고 곱셈구구에만 파묻히지 않고 수를 확장해서 볼 수 있으며, 더 나아가 블록처럼 응용할 수 있게 되지요.

곱셈구구를 익힐 때에도 익숙한 수부터 익히면 수를 확장하는 규칙을 쉽게 찾을 수 있습니다. 그래서 이 책에서는 0단부터 12단까지 순서대로 배치하지 않고, 2단, 5단, 3단, 6단, 4단, 8단 등의 순서로 배치했지요. 그런데 만약 자신에게 더 익숙한 수가 있다면 그 수의 단부터 먼저 익히는 것도 좋답니다. 11단과 12단을 알면 고학년이 되어 다루게 될 약수와 배수를 더 쉽게 할 수 있으니 도전해 보는 것도 좋겠지요?

사고와 응용 수학이 중요해지는 시대에서 더 이상 암기하는 수학, 따라만 하는 수학은 어린이들의 수학적 사고를 향상시키지 않고 수학에 대한 두려움만 높일 뿐입니다. 추론을 통해 규칙성을 발견하고 결과가 아닌 과정을 중시하여 문제를 해결하는 즐거움을 깨닫게 하는 수학이 필요합니다.
개념과 원리를 바탕으로 추론을 통해 탐구해 가는 『외우지 않고 구구단이 술술술』은 수를 만드는 다양한 방법과 수와 수의 관계를 통해 곱셈구구의 원리를 이해하게 합니다. 또한 암기 위주의 수학이 아닌 사고와 응용, 타 학문과의 융합에도 적합한 수학 학습이 될 것입니다.

2018 이경희, 한지민

차례

1장 곱셈구구 깨치기

- 2단 깨치기 • 10
- 5단 깨치기 • 16
- 3단 깨치기 • 22
- 6단 깨치기 • 28
- 4단 깨치기 • 34
- 8단 깨치기 • 40
- 7단 깨치기 • 46
- 9단 깨치기 • 52
- 1단 깨치기 • 58
- 0단 깨치기 • 60
- 10단 깨치기 • 62
- 11단 깨치기 • 64
- 12단 깨치기 • 70

2장 곱셈구구 활용하기

두 가지 방법으로 묶기 • 78

묶어 세며 곱셈하기 • 80

같은 곱셈식 연결하기 • 84

결과가 같은 곱셈식 찾기 • 85

원반 돌리며 곱셈하기 • 86

곱셈식을 막대로 나타내기 • 88

동물의 다리 수로 알아보는 곱셈식 • 90

구구단 색칠하기 • 91

곱셈으로 돈 계산하기 • 92

구구단 스무 고개 • 94

점으로 알아보는 곱셈구구 • 96

사각형으로 묶기 • 98

곱셈 도미노 • 100

외톨이 숫자 찾기 • 102

연속한 세 숫자의 비밀 • 103

모눈 칸 곱셈하기 • 104

구구단 그림 • 106

구구단에 숨은 비밀 • 109

네이피어 곱셈 막대 • 110

손가락으로 하는 곱셈구구 • 112

계산기로 알아보는 곱셈 마술 • 114

정답 • 115

곱셈구구 깨치기 1장

2단 깨치기

❓ 2와 관계있는 것을 알아볼까요?

2개씩 짝이 있는 것들을 부르는 단위는 참 다양해요.

신발 한 켤레

젓가락 한 매

고등어 한 손

원앙 한 쌍

찻잔 세트(잔과 받침)

옷 한 벌(상의와 하의)

❓ 고등어 다섯 손을 씻으려고 해요. 모두 몇 마리를 씻어야 할까요?

2   2   2   2   2

고등어 한 손은 2마리씩의 묶음 단위니까 2씩 늘어나 2단을 이용해요.

$$2 + 2 + 2 + 2 + 2 = 2 \times 5 = 10$$

'2 곱하기 5는 10입니다.'라고 읽어.

×	1	2	3	4	5	6	7	8	9	10	11	12
2	2	4	6	8	10	12	14	16	18	20	22	24

🐱 고등어 다섯 손의 고등어 수는 10마리야. 그리고 2의 배수는 '짝수'라고도 불러.

🐸 반대로 2의 배수가 아닌 수를 '홀수'라고 불러.

❓ 2씩 뛰어 세기한 수에 O표를 해 봅시다.

0	1	②	3	④	5	⑥	7	⑧	9
⑩	11	12	13	14	15	16	17	18	19
20	21	22	23	24	25	26	27	28	29
30	31	32	33	34	35	36	37	38	39
40	41	42	43	44	45	46	47	48	49
50	51	52	53	54	55	56	57	58	59
60	61	62	63	64	65	66	67	68	69
70	71	72	73	74	75	76	77	78	79
80	81	82	83	84	85	86	87	88	89
90	91	92	93	94	95	96	97	98	99

❓ 2씩 뛰어 세기로 O표 한 수를 순서대로 써 봅시다.

2											

🐱 2씩 뛰어 세기하면 ☐ 단이 나오네!

$2 = 2 \times 1$

❓ 2를 만들어 볼까요?

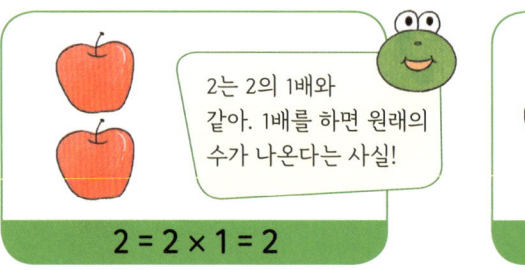 

$2 = 2 \times 1 = 2$ $1 + 1 = 1 \times 2 = 2$

❓ 2를 만드는 방법은?

① 1을 2번 더하기 $1 \times 2 = 2$

② 2를 1번 더하기 $2 \times 1 = 2$

① $1 \times 2 = 2$

② $2 \times 1 = 2$

 4 = 2 × 2

❓ 4를 만들어 볼까요?

1+1+1+1=1×4=4

2+2=2×2=4

4=4×1=4

❓ 4를 만드는 방법은?

① 1을 4번 더하기   1 × 4 = 4
② 2를 2번 더하기   2 × 2 = 4
③ 4를 1번 더하기   4 × 1 = 4

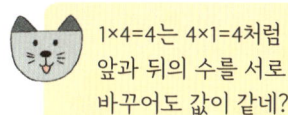
1×4=4는 4×1=4처럼 앞과 뒤의 수를 서로 바꾸어도 값이 같네?

① 1 × 4 = 4

② 2 × 2 = 4

③ 4 × 1 = 4

✏️ 다섯 손의 고등어 수를 구하는 식 **10 = 2 × 5**

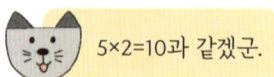 5×2=10과 같겠군.

❓ 10을 만들어 볼까요?

1. 2씩 몇 묶음이 있어야 10을 만들 수 있는지 묶어 보세요.

2. 5씩 몇 묶음이 있어야 10을 만들 수 있는지 묶어 보세요.

3. 1씩 몇 묶음이 있어야 10을 만들 수 있는지 묶어 보세요.

4. 10씩 몇 묶음이 있어야 10을 만들 수 있는지 묶어 보세요.

10 = ?	
	① 1을 10번 더하기　10 = 1 × 10
	② 2를 5번 더하기　10 = 2 × 5
	③ 5를 2번 더하기　10 = 5 × 2
	④ 10을 1번 더하기　10 = 10 × 1

 앞의 수와 뒤의 수를 바꾸어 곱해도 값이 같지? 그래서 한 개의 식을 알면 나머지 식도 앞과 뒤의 수를 바꾸어 쉽게 만들 수 있어!

❓ 2단과 다른 단의 관계를 알아볼까요?

×	1	2	3	4	5	6	7	8	9	10	11	12
2단	2	4	6	8	10	12	14	16	18	20	22	24
×2↓	×2↓	×2↓	×2↓	×2↓	×2↓	×2↓	×2↓	×2↓	×2↓	×2↓	×2↓	×2↓
4단	4	8	12	16	20	24	28	32	36	40	44	48

2단의 2배는 4단이네요.

×	1	2	3	4	5	6	7	8	9	10	11	12
2단	2	4	6	8	10	12	14	16	18	20	22	24
×3↓	×3↓	×3↓	×3↓	×3↓	×3↓	×3↓	×3↓	×3↓	×3↓	×3↓	×3↓	×3↓
6단	6	12	18	24	30	36	42	48	54	60	66	72

2단의 3배는 6단이네요.

×	1	2	3	4	5	6	7	8	9	10	11	12
2단	2	4	6	8	10	12	14	16	18	20	22	24
×4↓	×4↓	×4↓	×4↓	×4↓	×4↓	×4↓	×4↓	×4↓	×4↓	×4↓	×4↓	×4↓
8단	8	16	24	32	40	48	56	64	72	80	88	96

2단의 4배는 ☐단이네요.

🐱 2단에 3단을 더하면 몇 단이 나올까?

🐸 2에 3을 더하면 5니까 5단이군.

🐱 2단은 1단과 몇 단의 합으로 만들 수 있을까?

🐸 1에 ☐을 더하면 2니까 ☐단이군.

🐱 10단은 2단으로 어떻게 만들까?

🐸 10은 2의 ☐배니까 2단을 ☐배 하면 되는군.

아하~ 그렇구나~

5단 깨치기

하나! 개념 깨치기

? 5와 관계있는 것을 알아볼까요?

오각형은 변이 5개이고 꼭짓점이 5개인 도형을 말해요.

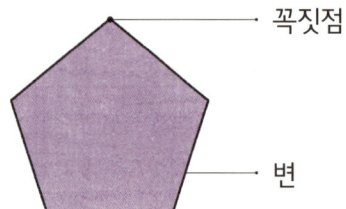

꼭짓점
변

축구공에 오각형과 육각형이 있네~!

? 5각형 모양의 건축물도 있어요.

펜타곤

펜타곤은 미국 국방부 건물이에요.
영어로 pentagon은 오각형이에요.
건물 모양이 오각형이지요.

? 오각형 4개의 꼭짓점 수를 모두 합하면 몇 개인가요?

5   5   5   5

오각형의 꼭짓점 수는 5씩 늘어나 5단을 이용해요.

$$5 + 5 + 5 + 5 = 5 \times 4 = 20$$

'5 곱하기 4는 20입니다.'라고 읽어.

×	1	2	3	4	5	6	7	8	9	10	11	12
	⬠	⬠	⬠	⬠	⬠	⬠	⬠	⬠	⬠	⬠	⬠	⬠
5	5	10	15	20	25	30	35	40	45	50	55	60

🐸 오각형 4개의 꼭짓점 수는 모두 20개야.

❓ 5씩 뛰어 세기한 수에 ○표를 해 봅시다.

0	1	2	3	4	5	6	7	8	9
⑩	11	12	13	14	⑮	16	17	18	19
⑳	21	22	23	24	㉕	26	27	28	29
30	31	32	33	34	35	36	37	38	39
40	41	42	43	44	45	46	47	48	49
50	51	52	53	54	55	56	57	58	59
60	61	62	63	64	65	66	67	68	69
70	71	72	73	74	75	76	77	78	79
80	81	82	83	84	85	86	87	88	89
90	91	92	93	94	95	96	97	98	99

❓ 5씩 뛰어 세기로 ○표 한 수를 순서대로 써 봅시다.

⬠	⬠	⬠	⬠	⬠	⬠	⬠	⬠	⬠	⬠	⬠	⬠
5											

👧 5씩 뛰어 세기하면 ☐단이 나오네!

$5 = 5 \times 1$

❓ 5를 만들어 볼까요?

$5 = 5 \times 1 = 5$

$1+1+1+1+1 = 1 \times 5 = 5$

❓ 5를 만드는 방법은?

① 1을 5번 더하기 $1 \times 5 = 5$
② 5를 1번 더하기 $5 \times 1 = 5$

						① $1 \times 5 = 5$		
	② $5 \times 1 = 5$							

 10 = 5 × 2

❓ 10을 만들어 볼까요?

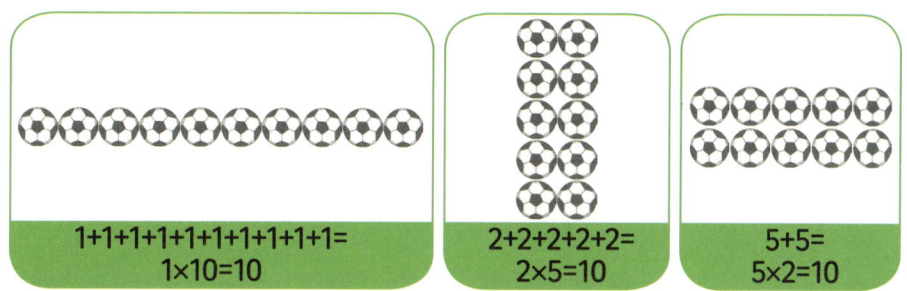

❓ 10을 만드는 방법은?

① 1을 10번 더하기 1 × 10 = 10
② 2를 5번 더하기 2 × 5 = 10
③ 5를 2번 더하기 5 × 2 = 10
④ 10을 1번 더하기 10 × 1 = 10

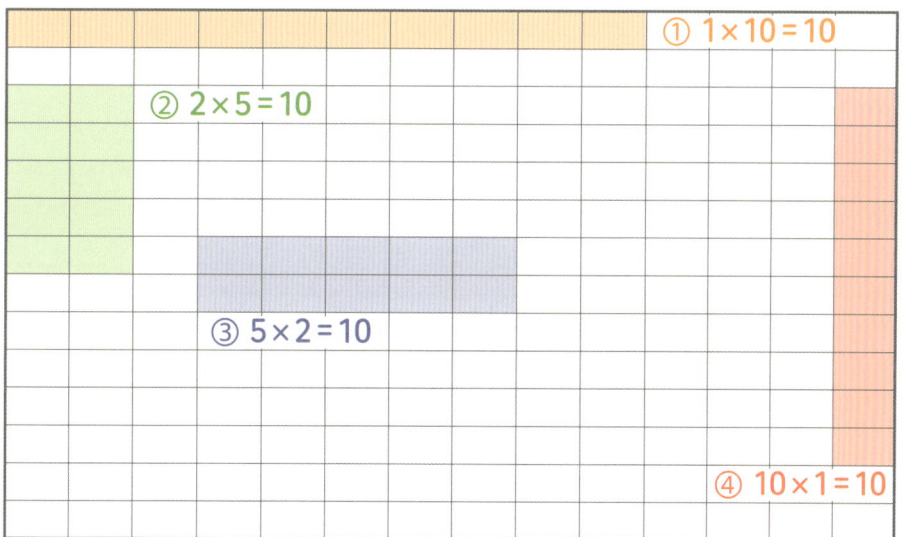

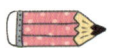 오각형 4개의 꼭짓점 수를 구하는 식 $20 = 5 \times 4$

❓ 20을 만들어 볼까요?

1. 5씩 몇 묶음이 있어야 20을 만들 수 있는지 묶어 보세요.

2. 2씩 몇 묶음이 있어야 20을 만들 수 있는지 묶어 보세요.

3. 4씩 몇 묶음이 있어야 20을 만들 수 있는지 묶어 보세요.

4. 10씩 몇 묶음이 있어야 20을 만들 수 있는지 묶어 보세요.

20 = ?
① 1을 20번 더하기 20 = 1 × 20
② 2를 10번 더하기 20 = 2 × 10
③ 4를 5번 더하기 20 = 4 × 5
④ 5를 4번 더하기 20 = 5 × 4
⑤ 10을 2번 더하기 20 = 10 × 2
⑥ 20을 1번 더하기 20 = 20 × 1

 5를 4번 더하기는 5+5+5+5=5×4=20으로 쓸 수 있어.
곱셈에서는 4×5=20처럼 앞과 뒤의 수를 바꾸어 곱해도 값이 같아.

? 5단과 다른 단의 관계를 알아볼까요?

×	1	2	3	4	5	6	7	8	9	10	11	12
5단	5	10	15	20	25	30	35	40	45	50	55	60
	×2 ↓	×2 ↓	×2 ↓	×2 ↓	×2 ↓	×2 ↓	×2 ↓	×2 ↓	×2 ↓	×2 ↓	×2 ↓	×2 ↓
10단	10	20	30	40	50	60	70	80	90	100	110	120

5단의 2배는 10단이네요.

×	1	2	3	4	5	6	7	8	9	10	11	12
5단	5	10	15	20	25	30	35	40	45	50	55	60
	+4(단) ↓	+(4×1) ↓	+(4×2) ↓	+(4×3) ↓	+(4×4) ↓	+(4×5) ↓	+(4×6) ↓	+(4×7) ↓	+(4×8) ↓	+(4×9) ↓	+(4×10) ↓	+(4×11) ↓
9단	9	18	27	36	45	54	63	72	81	90	99	108

5단에 4단을 더하면 9단이네요.

×	1	2	3	4	5	6	7	8	9	10	11	12
5단	5	10	15	20	25	30	35	40	45	50	55	60
	-2(단) ↓	-(2×1) ↓	-(2×2) ↓	-(2×3) ↓	-(2×4) ↓	-(2×5) ↓	-(2×6) ↓	-(2×7) ↓	-(2×8) ↓	-(2×9) ↓	-(2×10) ↓	-(2×11) ↓
3단	3	6	9	12	15	18	21	24	27	30	33	36

5단에서 2단을 빼면 ☐단이네요.

🐱 5단에 3단을 더하면 몇 단이 나올까?

🐸 5에 3을 더하면 8이니까 8단이군.

🐱 5단은 1단과 몇 단의 합으로 만들 수 있을까?

🐸 1에 ☐를 더하면 5이니까 ☐단이군.

🐱 5단으로 15단을 어떻게 만들까?

🐸 15는 5의 ☐배니까 5단을 ☐배 하면 되는군.

3단 깨치기

 하나! 개념 깨치기

❓ 3과 관계있는 것을 알아볼까요?

삼각형은 변이 3개이고 꼭짓점이 3개인 도형을 말해요.

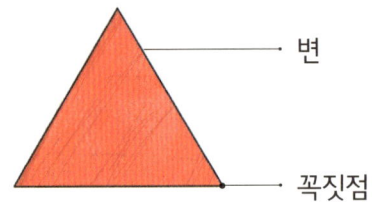

❓ 3개가 어우러져 멋진 화음과 색을 만들 수 있어요.

피아노 3중주(피아노, 바이올린, 첼로)

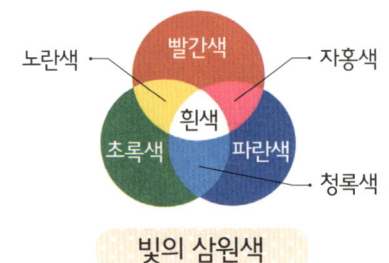

빛의 삼원색

❓ 자전거 공장에서 6대의 세발자전거에 바퀴를 달려고 해요. 자전거 바퀴는 모두 몇 개 필요한가요?

3 3 3 3 3 3

세발자전거의 바퀴는 3씩 늘어나 3단을 이용해요.

$$3 + 3 + 3 + 3 + 3 + 3 = 3 \times 6 = 18$$

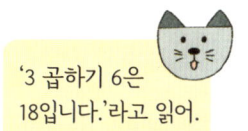
'3 곱하기 6은 18입니다.'라고 읽어.

×	1	2	3	4	5	6	7	8	9	10	11	12
3	3	6	9	12	15	18	21	24	27	30	33	36

🐸 세발자전거 6대에 필요한 바퀴 수는 모두 18개야.

❓ 3씩 뛰어 세기한 수에 ○표를 해 봅시다.

0	1	2	③	4	5	⑥	7	8	⑨
10	11	⑫	13	14	⑮	16	17	18	19
20	21	22	23	24	25	26	27	28	29
30	31	32	33	34	35	36	37	38	39
40	41	42	43	44	45	46	47	48	49
50	51	52	53	54	55	56	57	58	59
60	61	62	63	64	65	66	67	68	69
70	71	72	73	74	75	76	77	78	79
80	81	82	83	84	85	86	87	88	89
90	91	92	93	94	95	96	97	98	99

❓ 3씩 뛰어 세기로 ○표 한 수를 순서대로 써 봅시다.

3										

👧 3씩 뛰어 세기하면 ☐ 단이 나오네!

 둘! **기초** 깨치기

✏️ 3 = 3 × 1

❓ 3을 만들어 볼까요?

3은 3의 1배와 같아. 1배를 하면 원래의 수가 나온다는 사실!

3 = 3 × 1 = 3

1을 3번 더하면 1의 3배와 같아.

1 + 1 + 1 = 1 × 3 = 3

❓ 3을 만드는 방법은?

① 1을 3번 더하기   1 × 3 = 3

② 3를 1번 더하기   3 × 1 = 3

			① 1×3=3		
	② 3×1=3				

 6 = 3 × 2

❓ 6을 만들어 볼까요?

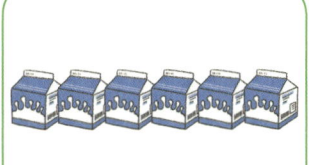
1+1+1+1+1+1=1×6=6

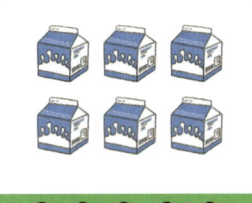
3+3=3×2=6

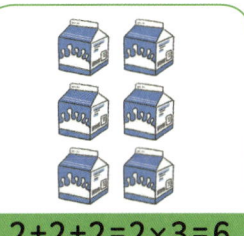
2+2+2=2×3=6

❓ 6을 만드는 방법은?

① 1을 6번 더하기   1 × 6 = 6
② 2를 3번 더하기   2 × 3 = 6
③ 3을 2번 더하기   3 × 2 = 6
④ 6을 1번 더하기   6 × 1 = 6

① 1×6=6
② 2×3=6
③ 3×2=6
④ 6×1=6

세발자전거 6대의 바퀴 수를 구하는 식 **18 = 3 × 6**

? 18을 만들어 볼까요?

1. 3씩 몇 묶음이 있어야 18을 만들 수 있는지 묶어 보세요.

2. 2씩 몇 묶음이 있어야 18을 만들 수 있는지 묶어 보세요.

3. 6씩 몇 묶음이 있어야 18을 만들 수 있는지 묶어 보세요.

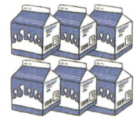 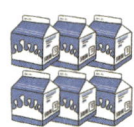 

4. 9씩 몇 묶음이 있어야 18을 만들 수 있는지 묶어 보세요.

18 = ?

① 1을 18번 더하기 18 = 1 × 18
② 2를 9번 더하기 18 = 2 × 9
③ 3을 6번 더하기 18 = 3 × 6
④ 6을 3번 더하기 18 = 6 × 3
⑤ 9를 2번 더하기 18 = 9 × 2
⑥ 18을 1번 더하기 18 = 18 × 1

 앞의 수와 뒤의 수를 바꾸어 곱해도 값이 같지? 그래서 한 개의 식을 알면 나머지 식도 앞과 뒤의 수를 바꾸어 쉽게 만들 수 있어!

❓ 3단과 다른 단의 관계를 알아볼까요?

×	1	2	3	4	5	6	7	8	9	10	11	12
3단	3	6	9	12	15	18	21	24	27	30	33	36
×2↓	×2↓	×2↓	×2↓	×2↓	×2↓	×2↓	×2↓	×2↓	×2↓	×2↓	×2↓	×2↓
6단	6	12	18	24	30	36	42	48	54	60	66	72

3단의 2배는 6단이네요.

×	1	2	3	4	5	6	7	8	9	10	11	12
3단	3	6	9	12	15	18	21	24	27	30	33	36
×3↓	×3↓	×3↓	×3↓	×3↓	×3↓	×3↓	×3↓	×3↓	×3↓	×3↓	×3↓	×3↓
9단	9	18	27	36	45	54	63	72	81	90	99	108

3단의 3배는 9단이네요.

×	1	2	3	4	5	6	7	8	9	10	11	12
3단	3	6	9	12	15	18	21	24	27	30	33	36
×4↓	×4↓	×4↓	×4↓	×4↓	×4↓	×4↓	×4↓	×4↓	×4↓	×4↓	×4↓	×4↓
12단	12	24	36	48	60	72	84	96	108	120	132	144

3단의 4배는 ☐단이네요.

🐱 3단에 4단을 더하면 몇 단이 나올까?

🐸 3에 4를 더하면 7이니까 7단이군.

🐱 3단은 1단과 몇 단의 합으로 만들 수 있을까?

🐸 1에 ☐를 더하면 3이니까 ☐단이군.

🐱 12단은 3단으로 어떻게 만들까?

🐸 12는 3의 ☐배니까 3단을 ☐배 하면 되는군.

6단 깨치기

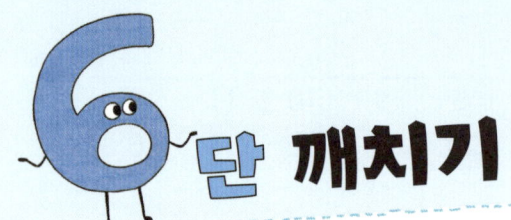

변의 수 6개, 꼭짓점 6개인 도형을 육각형이라고 해요.

❓ 6과 관계있는 것을 알아볼까요?

꿀벌의 집은 육각형으로 만들어졌어요. 육각형의 방들은 꿀을 저장하는 창고이자 아기 벌을 키우는 곳이랍니다.

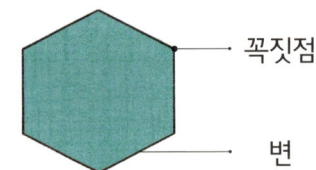
꼭짓점
변

눈송이도 자세히 관찰하면 육각형 모양이랍니다. 눈송이는 육각 대칭일 때 가장 안정적인 구조가 되기 때문이지요.

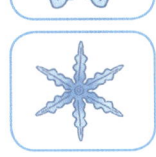   

❓ 육각형 7개의 변의 수를 모두 합하면 몇 개인가요?

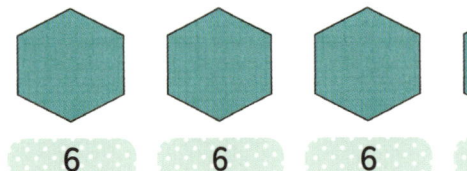 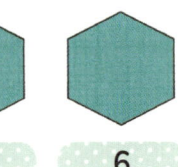 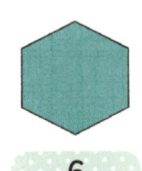  

6　6　6　6　6　6　6

육각형의 변의 수는 6씩 늘어나 6단을 이용해요.

$$6 + 6 + 6 + 6 + 6 + 6 + 6 = 6 \times 7 = 42$$

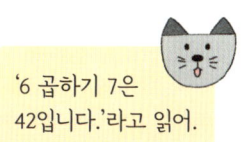
'6 곱하기 7은 42입니다.'라고 읽어.

×	1	2	3	4	5	6	7	8	9	10	11	12
6	6	12	18	24	30	36	42	48	54	60	66	72

육각형 7개의 변의 수를 모두 합하면 42개야.

❓ 6씩 뛰어 세기한 수에 ○표를 해 봅시다.

0	1	2	3	4	5	6	7	8	9
10	11	12	13	14	15	16	17	18	19
20	21	22	23	24	25	26	27	28	29
30	31	32	33	34	35	36	37	38	39
40	41	42	43	44	45	46	47	48	49
50	51	52	53	54	55	56	57	58	59
60	61	62	63	64	65	66	67	68	69
70	71	72	73	74	75	76	77	78	79
80	81	82	83	84	85	86	87	88	89
90	91	92	93	94	95	96	97	98	99

❓ 6씩 뛰어 세기로 ○표 한 수를 순서대로 써 봅시다.

6											

6씩 뛰어 세기하면 ☐단이 나오네!

 6 = 6 × 1

? 6을 만들어 볼까요?

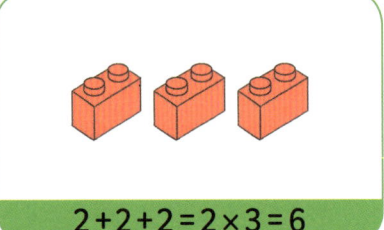

2+2+2=2×3=6

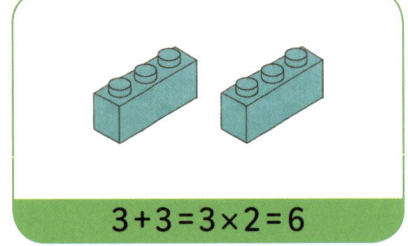

3+3=3×2=6

? 6을 만드는 방법은?

① 1을 6번 더하기 1 × 6 = 6

② 2를 3번 더하기 2 × 3 = 6

③ 3을 2번 더하기 3 × 2 = 6

④ 6을 1번 더하기 6 × 1 = 6

① 1 × 6 = 6

② 2 × 3 = 6

③ 3 × 2 = 6

④ 6 × 1 = 6

 12 = 6 × 2

❓ 12를 만들어 볼까요?

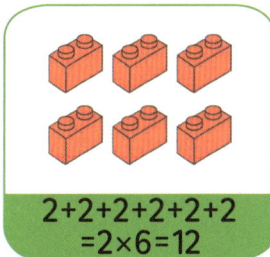

2+2+2+2+2+2
=2×6=12

3+3+3+3=3×4=12

6+6=6×2=12

❓ 12를 만드는 방법은?

① 1을 12번 더하기   1 × 12 = 12
② 2를 6번 더하기   2 × 6 = 12
③ 3을 4번 더하기   3 × 4 = 12
④ 4를 3번 더하기   4 × 3 = 12
⑤ 6을 2번 더하기   6 × 2 = 12
⑥12를 1번 더하기 12 × 1 = 12

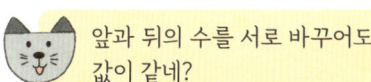
앞과 뒤의 수를 서로 바꾸어도 값이 같네?

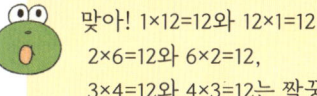
맞아! 1×12=12와 12×1=12,
2×6=12와 6×2=12,
3×4=12와 4×3=12는 짝꿍이야.

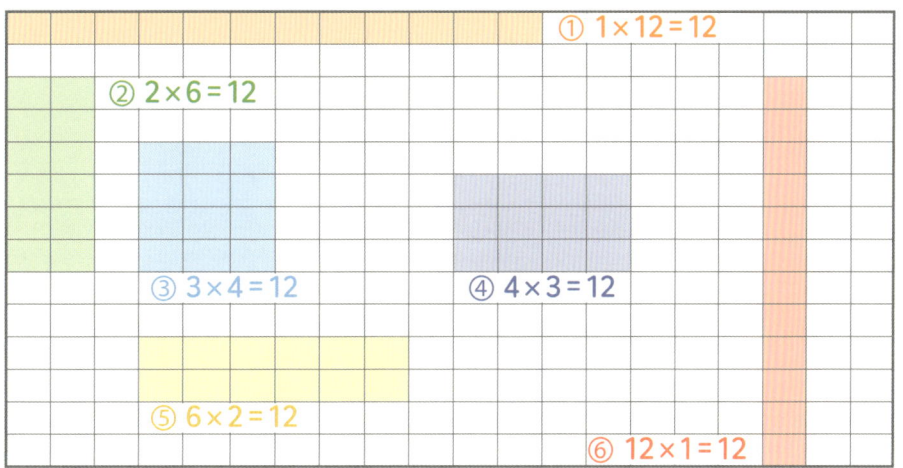

① 1×12=12
② 2×6=12
③ 3×4=12
④ 4×3=12
⑤ 6×2=12
⑥ 12×1=12

31

육각형 7개의 변의 수를 구하는 식 **42 = 6 × 7**

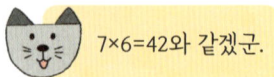

❓ 42를 만들어 볼까요?

1. 육각형 몇 개가 모여야 변의 수 42를 만들 수 있는지 묶어 보세요.

2. 칠각형 몇 개가 모여야 변의 수 42를 만들 수 있는지 묶어 보세요.

3. 삼각형 몇 개가 모여야 변의 수 42를 만들 수 있는지 묶어 보세요.

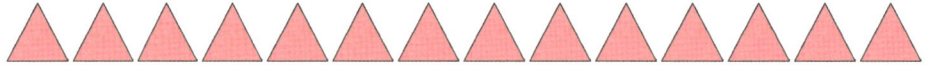

42 = ?

① 1을 42번 더하기 42 = 1 × 42
② 2를 21번 더하기 42 = 2 × 21
③ 3을 14번 더하기 42 = 3 × 14
④ 6을 7번 더하기 42 = 6 × 7
⑤ 7을 6번 더하기 42 = 7 × 6
⑥ 14를 3번 더하기 42 = 14 × 3
⑦ 21을 2번 더하기 42 = 21 × 2
⑧ 42를 1번 더하기 42 = 42 × 1

 앞의 수와 뒤의 수를 바꾸어도 되니 한 개의 식을 알면 나머지 식도 쉽게 만들 수 있어!

6단과 다른 단의 관계를 알아볼까요?

×	1	2	3	4	5	6	7	8	9	10	11	12
3단	3	6	9	12	15	18	21	24	27	30	33	36
×2 ↓	×2 ↓	×2 ↓	×2 ↓	×2 ↓	×2 ↓	×2 ↓	×2 ↓	×2 ↓	×2 ↓	×2 ↓	×2 ↓	×2 ↓
6단	6	12	18	24	30	36	42	48	54	60	66	72

6단은 3단의 2배네요.

×	1	2	3	4	5	6	7	8	9	10	11	12
2단	2	4	6	8	10	12	14	16	18	20	22	24
×3 ↓	×3 ↓	×3 ↓	×3 ↓	×3 ↓	×3 ↓	×3 ↓	×3 ↓	×3 ↓	×3 ↓	×3 ↓	×3 ↓	×3 ↓
6단	6	12	18	24	30	36	42	48	54	60	66	72

6단은 2단의 3배네요.

×	1	2	3	4	5	6	7	8	9	10	11	12
4단	4	8	12	16	20	24	28	32	36	40	44	48
+2(단) ↓	+(2×1) ↓	+(2×2) ↓	+(2×3) ↓	+(2×4) ↓	+(2×5) ↓	+(2×6) ↓	+(2×7) ↓	+(2×8) ↓	+(2×9) ↓	+(2×10) ↓	+(2×11) ↓	+(2×12) ↓
6단	6	12	18	24	30	36	42	48	54	60	66	72

6단은 4단과 ☐단의 합이네요.

🐱 6단은 1단과 몇 단의 합일까?

🐸 1에 5를 더하면 6이니 5단이군.

🐱 6단은 3단의 몇 배일까?

🐸 6은 3의 ☐배니까 3단을 ☐배 하면 되는군.

🐱 6단은 4단과 몇 단의 합일까?

🐸 4에 ☐를 더하면 6이니 ☐단이군.

 단 깨치기

 하나! 개념 깨치기

❓ 4와 관계있는 것을 알아볼까요?

사각형은 변이 4개이고 꼭짓점이 4개인 도형을 말해요.

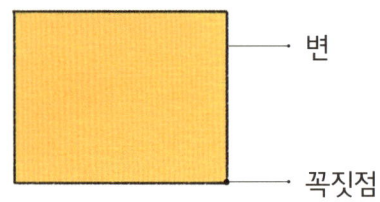

❓ 모양에 따라 사각형 이름이 달라져요.

❓ 의자 다리에 공을 끼워 바닥을 보호하려고 해요. 7개의 의자에 끼울 공은 모두 몇 개인가요?

4   4   4   4   4   4   4

의자 다리는 4씩 늘어나 4단을 이용해요.

$$4 + 4 + 4 + 4 + 4 + 4 + 4 = 4 \times 7 = 28$$

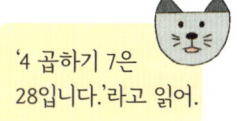
'4 곱하기 7은 28입니다.'라고 읽어.

×	1	2	3	4	5	6	7	8	9	10	11	12
4	4	8	12	16	20	24	28	32	36	40	44	48

의자 7개에 끼울 공은 모두 28개야.

❓ 4씩 뛰어 세기한 수에 ○표를 해 봅시다.

0	1	2	3	④	5	⑥	7	⑧	9
10	11	⑫	13	14	15	⑯	17	18	19
⑳	21	22	23	24	25	26	27	28	29
30	31	32	33	34	35	36	37	38	39
40	41	42	43	44	45	46	47	48	49
50	51	52	53	54	55	56	57	58	59
60	61	62	63	64	65	66	67	68	69
70	71	72	73	74	75	76	77	78	79
80	81	82	83	84	85	86	87	88	89
90	91	92	93	94	95	96	97	98	99

❓ 4씩 뛰어 세기로 ○표 한 수를 순서대로 써 봅시다.

4											

4씩 뛰어 세기하면 ☐ 단이 나오네!

4 = 4 × 1

❓ 4를 만들어 볼까요?

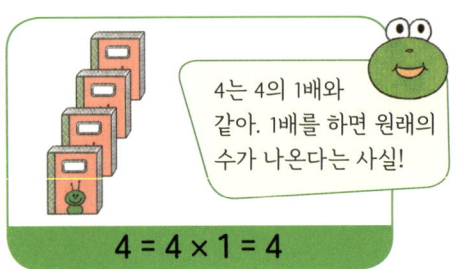

4는 4의 1배와 같아. 1배를 하면 원래의 수가 나온다는 사실!

4 = 4 × 1 = 4

1을 4번 더하면 1의 4배와 같아.

1 + 1 + 1 + 1 = 1 × 4 = 4

❓ 4를 만드는 방법은?

① 1을 4번 더하기   1 × 4 = 4
② 2를 2번 더하기   2 × 2 = 4
③ 4를 1번 더하기   4 × 1 = 4

			① 1 × 4 = 4		
		② 2 × 2 = 4			
③ 4 × 1 = 4					

8 = 4 × 2

❓ 8을 만들어 볼까요?

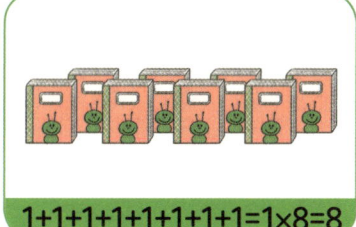
1+1+1+1+1+1+1+1=1×8=8

4+4=4×2=8

2+2+2+2=2×4=8

❓ 8을 만드는 방법은?

① 1을 8번 더하기 1×8=8

② 2를 4번 더하기 2×4=8

③ 4를 2번 더하기 4×2=8

④ 8을 1번 더하기 8×1=8

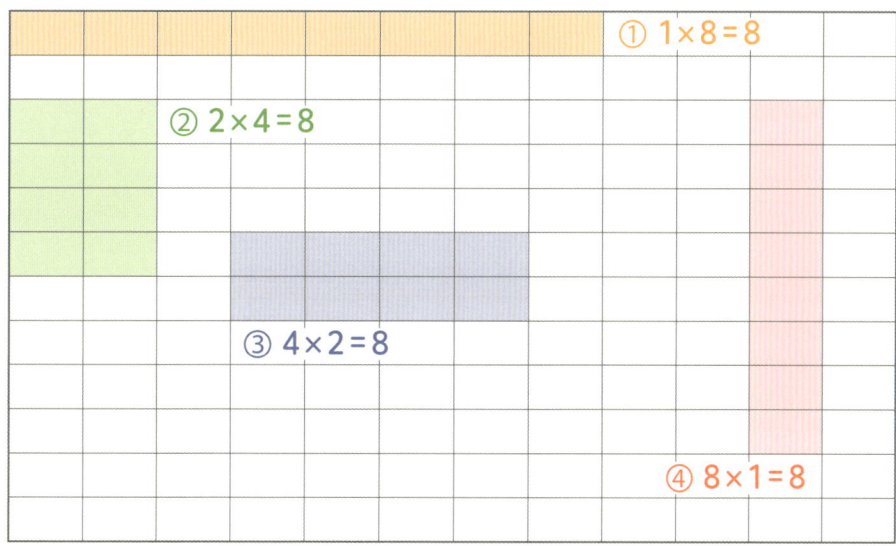

✏️ 의자 7개에 끼울 공의 수를 구하는 식 $28 = 4 \times 7$

❓ 28을 만들어 볼까요?

1. 4씩 몇 묶음이 있어야 28을 만들 수 있는지 묶어 보세요.

2. 2씩 몇 묶음이 있어야 28을 만들 수 있는지 묶어 보세요.

3. 7씩 몇 묶음이 있어야 28을 만들 수 있는지 묶어 보세요.

4. 14씩 몇 묶음이 있어야 28을 만들 수 있는지 묶어 보세요.

28 = ?

① 1을 28번 더하기 $28 = 1 \times 28$
② 2를 14번 더하기 $28 = 2 \times 14$
③ 4를 7번 더하기 $28 = 4 \times 7$
④ 7을 4번 더하기 $28 = 7 \times 4$
⑤ 14를 2번 더하기 $28 = 14 \times 2$
⑥ 28을 1번 더하기 $28 = 28 \times 1$

 앞의 수와 뒤의 수를 바꾸어 곱해도 값이 같지? 그래서 한 개의 식을 알면 나머지 식도 앞과 뒤의 수를 바꾸어 쉽게 만들 수 있어!

❓ 4단과 다른 단의 관계를 알아볼까요?

×	1	2	3	4	5	6	7	8	9	10	11	12
4단	4	8	12	16	20	24	28	32	36	40	44	48
×2 ↓	×2 ↓	×2 ↓	×2 ↓	×2 ↓	×2 ↓	×2 ↓	×2 ↓	×2 ↓	×2 ↓	×2 ↓	×2 ↓	×2 ↓
8단	8	16	24	32	40	48	56	64	72	80	88	96

4단의 2배는 8단이네요.

×	1	2	3	4	5	6	7	8	9	10	11	12
4단	4	8	12	16	20	24	28	32	36	40	44	48
×3 ↓	×3 ↓	×3 ↓	×3 ↓	×3 ↓	×3 ↓	×3 ↓	×3 ↓	×3 ↓	×3 ↓	×3 ↓	×3 ↓	×3 ↓
12단	12	24	36	48	60	72	84	96	108	120	132	144

4단의 3배는 12단이네요.

×	1	2	3	4	5	6	7	8	9	10	11	12
4단	4	8	12	16	20	24	28	32	36	40	44	48
+5(단) ↓	+(5×1) ↓	+(5×2) ↓	+(5×3) ↓	+(5×4) ↓	+(5×5) ↓	+(5×6) ↓	+(5×7) ↓	+(5×8) ↓	+(5×9) ↓	+(5×10) ↓	+(5×11) ↓	+(5×12) ↓
9단	9	18	27	36	45	54	63	72	81	90	99	108

4단에 5단을 더하면 ☐단이네요.

🐱 4단에 6단을 더하면 몇 단이 나올까?

🐸 4에 6를 더하면 10이니까 10단이군.

🐱 4단은 1단과 몇 단의 합으로 만들 수 있을까?

🐸 1에 ☐을 더하면 4니까 ☐단이군

🐱 12단은 4단으로 어떻게 만들까?

🐸 12는 4의 ☐배니까 4단을 ☐배 하면 되는군.

8단 깨치기

하나! 개념 깨치기

❓ 8과 관계있는 것을 알아볼까요? 거미류란 다리가 4쌍(8개)이고, 날개와 더듬이가 없는 무척추동물을 말해요. 진드기와 전갈도 거미류예요.

거미

진드기

전갈

❓ 문어, 낙지, 주꾸미도 다리가 8개예요.

문어

낙지

주꾸미

❓ 가족 모임을 위해 문어 6마리를 사 왔어요. 6마리의 문어 다리 수를 합하면 모두 몇 개인가요?

8

8

8

8

8
8

문어 다리는 8씩 늘어나 8단을 이용해요.

$$8 + 8 + 8 + 8 + 8 + 8 = 8 \times 6 = 48$$

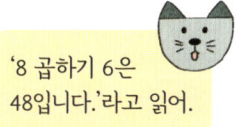
'8 곱하기 6은 48입니다.'라고 읽어.

×	1	2	3	4	5	6	7	8	9	10	11	12
8	8	16	24	32	40	48	56	64	72	80	88	96

6마리의 문어 다리 수는 모두 48개야.

❓ 8씩 뛰어 세기한 수에 ○표를 해 봅시다.

0	1	2	3	4	5	6	7	8	9
10	11	12	13	14	15	16	17	18	19
20	21	22	23	24	25	26	27	28	29
30	31	32	33	34	35	36	37	38	39
40	41	42	43	44	45	46	47	48	49
50	51	52	53	54	55	56	57	58	59
60	61	62	63	64	65	66	67	68	69
70	71	72	73	74	75	76	77	78	79
80	81	82	83	84	85	86	87	88	89
90	91	92	93	94	95	96	97	98	99

❓ 8씩 뛰어 세기로 ○표 한 수를 순서대로 써 봅시다.

8											

8씩 뛰어 세기하면 ☐단이 나오네!

 8 = 8 × 1

❓ 8을 만들어 볼까요?

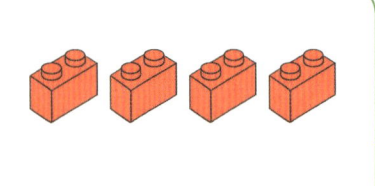

2+2+2+2=2×4=8

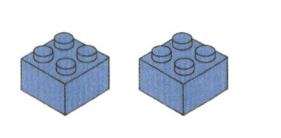

4+4=4×2=8

❓ 8을 만드는 방법은?

① 1을 8번 더하기 1×8=8
② 2를 4번 더하기 2×4=8
③ 4를 2번 더하기 4×2=8
④ 8을 1번 더하기 8×1=8

① 1×8=8
② 2×4=8
③ 4×2=8
④ 8×1=8

 16 = 8 × 2

❓ 16을 만들어 볼까요?

2+2+2+2+2+2+2+2
=2×8=16

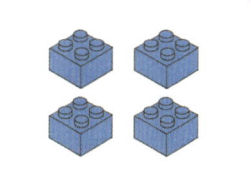
4+4+4+4=4×4=16

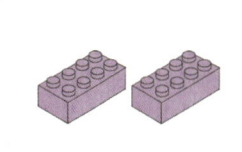
8+8=8×2=16

❓ 16을 만드는 방법은?

① 1을 16번 더하기 1 × 16 = 16
② 2를 8번 더하기 2 × 8 = 16
③ 4를 4번 더하기 4 × 4 = 16
④ 8을 2번 더하기 8 × 2 = 16
⑤16을 1번 더하기 16 × 1 = 16

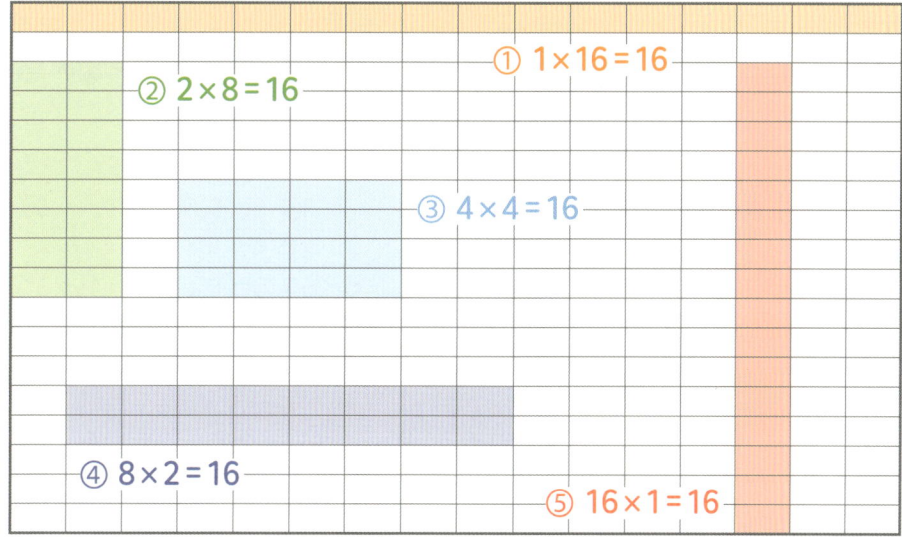

문어 다리의 수를 구하는 식 **48 = 8 × 6**

❓ 48을 만들어 볼까요?

1. 8개짜리 블록이 몇 개 있어야 48을 만들 수 있는지 묶어 보세요.

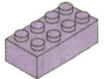 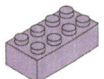

2. 6개짜리 블록이 몇 개 있어야 48을 만들 수 있는지 묶어 보세요.

3. 4개짜리 블록이 몇 개 있어야 48을 만들 수 있는지 묶어 보세요.

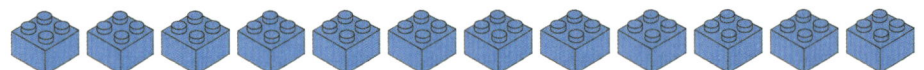

4. 3개짜리 블록이 몇 개 있어야 48을 만들 수 있는지 묶어 보세요.

48 = ?

① 1을 48번 더하기 48 = 1 × 48
② 2를 24번 더하기 48 = 2 × 24
③ 3을 16번 더하기 48 = 3 × 16
④ 4를 12번 더하기 48 = 4 × 12
⑤ 6을 8번 더하기 48 = 6 × 8
⑥ 8을 6번 더하기 48 = 8 × 6
⑦ 12를 4번 더하기 48 = 12 × 4
⑧ 16을 3번 더하기 48 = 16 × 3
⑨ 24를 2번 더하기 48 = 24 × 2
⑩ 48을 1번 더하기 48 = 48 × 1

 앞의 수와 뒤의 수를 바꾸어도 되니 한 개의 식을 알면 나머지 식도 쉽게 만들 수 있어!

❓ 8단과 다른 단의 관계를 알아볼까요?

×	1	2	3	4	5	6	7	8	9	10	11	12
4단	4	8	12	16	20	24	28	32	36	40	44	48
	×2 ↓	×2 ↓	×2 ↓	×2 ↓	×2 ↓	×2 ↓	×2 ↓	×2 ↓	×2 ↓	×2 ↓	×2 ↓	×2 ↓
8단	8	16	24	32	40	48	56	64	72	80	88	96

8단은 4단의 2배네요.

×	1	2	3	4	5	6	7	8	9	10	11	12
6단	6	12	18	24	30	36	42	48	54	60	66	72
+2(단) ↓	+(2×1) ↓	+(2×2) ↓	+(2×3) ↓	+(2×4) ↓	+(2×5) ↓	+(2×6) ↓	+(2×7) ↓	+(2×8) ↓	+(2×9) ↓	+(2×10) ↓	+(2×11) ↓	+(2×12) ↓
8단	8	16	24	32	40	48	56	64	72	80	88	96

8단은 6단과 ☐단의 합이네요.

🐱 8단은 5단과 몇 단의 합일까?

🐸 5에 3을 더하면 8이니 3단이군.

🐱 8단은 1단과 몇 단의 합으로 만들 수 있을까?

🐸 1에 ☐을 더하면 8이니 ☐단이군.

🐱 8단은 2단으로 어떻게 만들까?

🐸 8은 2의 ☐배니까 2단을 ☐배 하면 되는군.

아하~! 이렇게 하면 되는구나~.

7단 깨치기

? 7과 관계있는 것을 알아볼까요? 도, 레, 미, 파, 솔, 라, 시 7개의 음이 있어요.

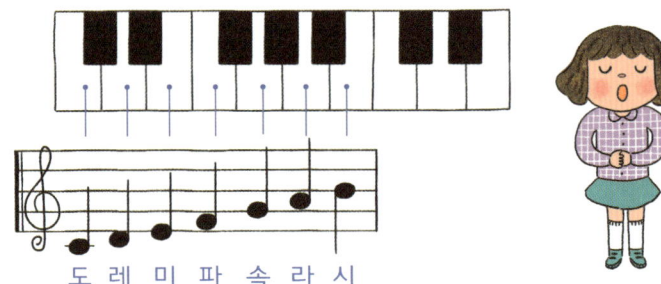

? 7가지 색을 가진 무지개도 있어요.

빨강, 주황, 노랑, 초록, 파랑, 남색, 보라. 일곱 색깔 무지개는 햇빛이 공기 중의 작은 물방울과 만나 나타나요.

? 일주일은 월, 화, 수, 목, 금, 토, 일 모두 7일이에요. 5주는 모두 며칠일까요?

일주일은 7씩 늘어나 7단을 이용해요.

$$7 + 7 + 7 + 7 + 7 = 7 \times 5 = 35$$

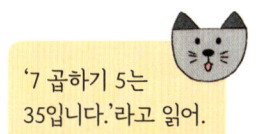
'7 곱하기 5는 35입니다.'라고 읽어.

×	1	2	3	4	5	6	7	8	9	10	11	12
	7일	7일	7일	7일	7일	7일	7일	7일	7일	7일	7일	7일
7	7	14	21	28	35	42	49	56	63	70	77	84

🐸 7일씩 5주는 모두 35일이야.

❓ 7씩 뛰어 세기한 수에 ○표를 해 봅시다.

0	1	2	3	4	5	6	7	8	9
10	11	12	13	14	15	16	17	18	19
20	21	22	23	24	25	26	27	28	29
30	31	32	33	34	35	36	37	38	39
40	41	42	43	44	45	46	47	48	49
50	51	52	53	54	55	56	57	58	59
60	61	62	63	64	65	66	67	68	69
70	71	72	73	74	75	76	77	78	79
80	81	82	83	84	85	86	87	88	89
90	91	92	93	94	95	96	97	98	99

❓ 7씩 뛰어 세기로 ○표 한 수를 순서대로 써 봅시다.

7일	7일	7일	7일	7일	7일	7일	7일	7일	7일	7일	7일
7											

👧 7씩 뛰어 세기하면 ☐단이 나오네!

 7 = 7 × 1

❓ 7을 만들어 볼까요?

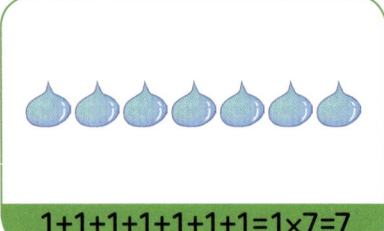 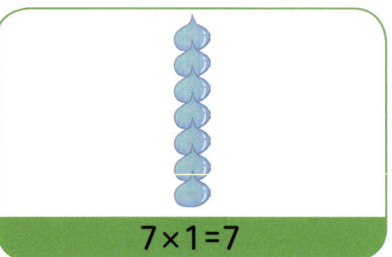

❓ 7을 만드는 방법은?

① 1을 7번 더하기 1×7=7
② 7를 1번 더하기 7×1=7

							① 1×7=7	
	② 7×1=7							

 14 = 7 × 2

❓ 14를 만들어 볼까요?

7+7=7×2=14

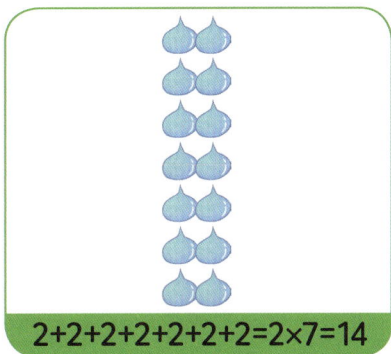

2+2+2+2+2+2+2=2×7=14

❓ 14를 만드는 방법은?

① 1을 14번 더하기 1 × 14 = 14
② 2를 7번 더하기 2 × 7 = 14
③ 7을 2번 더하기 7 × 2 = 14
④ 14를 1번 더하기 14 × 1 = 14

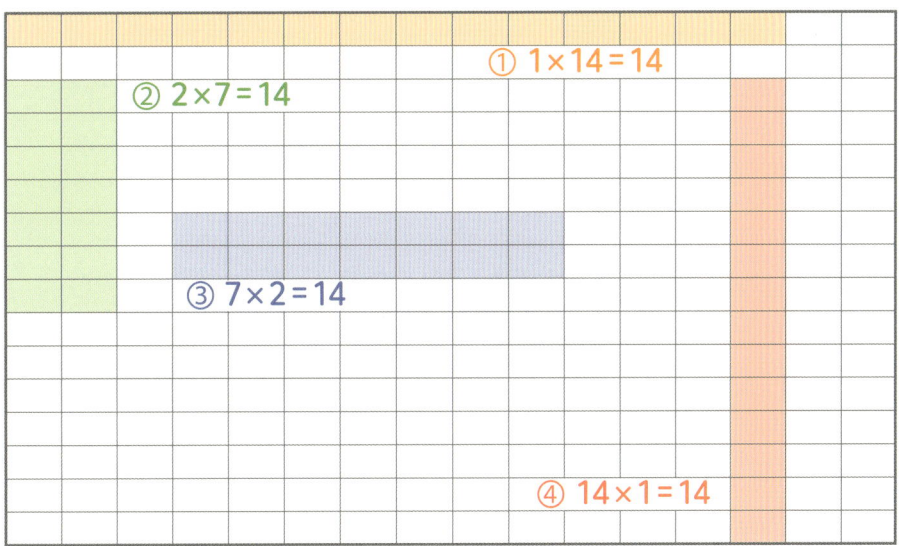

📏 5주일은 모두 며칠일까를 구하는 식 35 = 7 × 5

❓ 35를 만들어 볼까요?

1. 7각형 몇 개가 모여야 꼭짓점의 수 35를 만들 수 있는지 묶어 보세요.

2. 5각형 몇 개가 모여야 꼭짓점의 수 35를 만들 수 있는지 묶어 보세요.

35 = ?
① 1을 35번 더하기 35 = 1 × 35
② 5를 7번 더하기 35 = 5 × 7
③ 7을 5번 더하기 35 = 7 × 5
④ 35를 1번 더하기 35 = 35 × 1

 앞의 수와 뒤의 수를 바꾸어도 되니 한 개의 식을 알면 나머지 식도 쉽게 만들 수 있어!

❓ 7단과 다른 단의 관계를 알아볼까요?

×	1	2	3	4	5	6	7	8	9	10	11	12
4단	4	8	12	16	20	24	28	32	36	40	44	48
+3(단)↓	+(3×1)↓	+(3×2)↓	+(3×3)↓	+(3×4)↓	+(3×5)↓	+(3×6)↓	+(3×7)↓	+(3×8)↓	+(3×9)↓	+(3×10)↓	+(3×11)↓	+(3×12)↓
7단	7	14	21	28	35	42	49	56	63	70	77	84

7단은 4단과 3단의 합이네요.

×	1	2	3	4	5	6	7	8	9	10	11	12
5단	5	10	15	20	25	30	35	40	45	50	55	60
+2(단)↓	+(2×1)↓	+(2×2)↓	+(2×3)↓	+(2×4)↓	+(2×5)↓	+(2×6)↓	+(2×7)↓	+(2×8)↓	+(2×9)↓	+(2×10)↓	+(2×11)↓	+(2×12)↓
7단	7	14	21	28	35	42	49	56	63	70	77	84

7단은 5단과 ☐단의 합이네요.

🐱 7단은 9단과 몇 단의 차일까?

🐸 9에서 7을 빼면 2니까 2단이군.

🐱 7단은 1단의 몇 배일까?

🐸 7은 1의 ☐배니까 1단을 ☐배 하면 되는군.

아하~ 그렇구나~

9단 깨치기

 하나! 개념 깨치기

❓ 9와 관계있는 것을 알아볼까요? 중국 베이징에는 9와 관련된 천단이 있어요.

천단

중국 황제가 하늘에 제사를 지내던 곳이에요. 각 층마다 9개의 계단을 올라야 하고, 각 층에 만들어진 난간의 수와 중앙의 원심석을 둘러싼 대리석의 수는 9의 배수로 이뤄져 있대요. 중국에서는 9가 황제를 상징하는 숫자라고 해요.

❓ 9단에 숨은 비밀을 알아볼까요?

×	1	2	3	4	5	6	7	8	9	10
9	09	18	27	36	45	54	63	72	81	90
	0+9	1+8	2+7	3+6	4+5	5+4	6+3	7+2	8+1	9+0

9단에서 십의 자리를 살펴보면 0, 1, 2, 3, 4, 5, 6, 7, 8, 9로 1씩 커지고 일의 자리는 9, 8, 7, 6, 5, 4, 3, 2, 1, 0으로 1씩 작아진다는 것을 알 수 있어요. 또 일의 자리 숫자와 십의 자리 숫자를 더하면 모두 9가 된다는 사실!

❓ 구미호의 꼬리는 9개나 되요. 구미호 5마리의 꼬리는 모두 몇 개일까요?

9　　9　　9　　9　　9

구미호 꼬리는 9씩 늘어나 9단을 이용해요.

$$9 + 9 + 9 + 9 + 9 = 9 \times 5 = 45$$

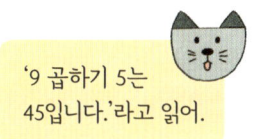
'9 곱하기 5는 45입니다.'라고 읽어.

×	1	2	3	4	5	6	7	8	9	10	11	12
9	9	18	27	36	45	54	63	72	81	90	99	108

구미호 5마리의 꼬리 수는 모두 45개야.

❓ 9씩 뛰어 세기한 수에 ○표를 해 봅시다.

0	1	2	3	4	5	6	7	8	9
10	11	12	13	14	15	16	17	18	19
20	21	22	23	24	25	26	27	28	29
30	31	32	33	34	35	36	37	38	39
40	41	42	43	44	45	46	47	48	49
50	51	52	53	54	55	56	57	58	59
60	61	62	63	64	65	66	67	68	69
70	71	72	73	74	75	76	77	78	79
80	81	82	83	84	85	86	87	88	89
90	91	92	93	94	95	96	97	98	99
100	101	102	103	104	105	106	107	108	109

❓ 9씩 뛰어 세기로 ○표 한 수를 순서대로 써 봅시다.

9											

9씩 뛰어 세기하면 ☐단이 나오네!

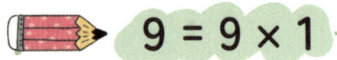

9 = 9 × 1

❓ 9를 만들어 볼까요?

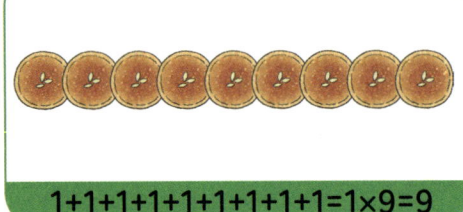

1+1+1+1+1+1+1+1+1=1×9=9

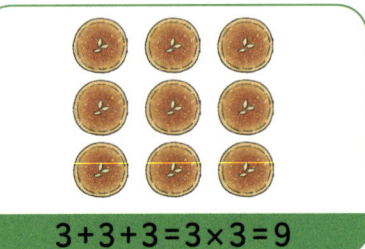

3+3+3=3×3=9

❓ 9를 만드는 방법은?

① 1을 9번 더하기 1×9 = 9

② 3을 3번 더하기 3×3 = 9

③ 9를 1번 더하기 9×1 = 9

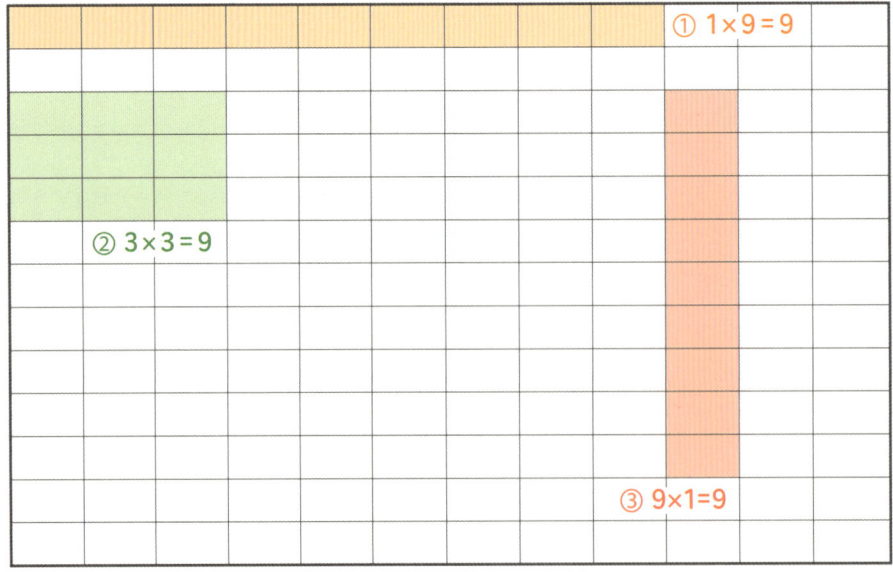

✏️ 18 = 9 × 2

❓ 18을 만들어 볼까요?

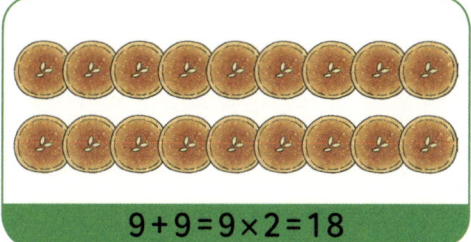

9 + 9 = 9 × 2 = 18

3 + 3 + 3 + 3 + 3 + 3 = 3 × 6 = 18

❓ 18을 만드는 방법은?

① 1을 18번 더하기 1 × 18 = 18
② 2를 9번 더하기 2 × 9 = 18
③ 3을 6번 더하기 3 × 6 = 18
④ 6을 3번 더하기 6 × 3 = 18
⑤ 9를 2번 더하기 9 × 2 = 18
⑥ 18을 1번 더하기 18 × 1 = 18

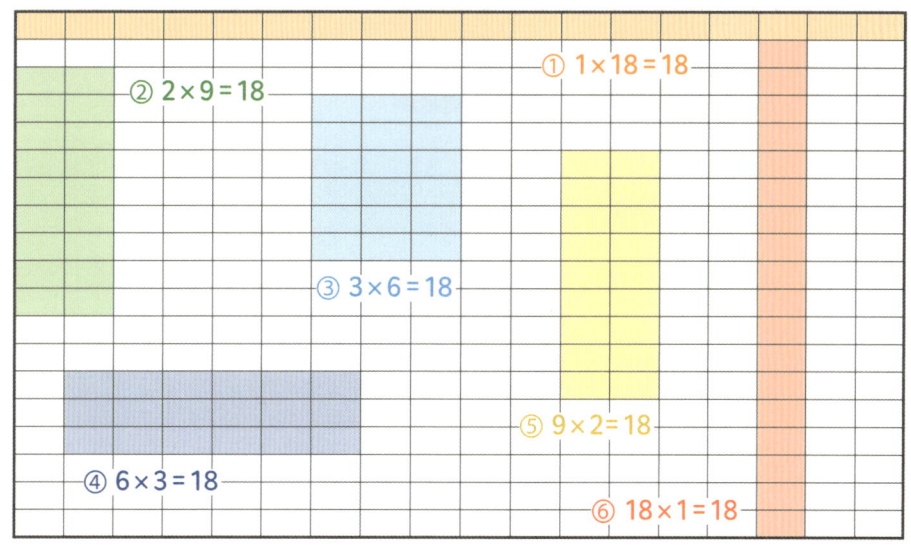

구미호 5마리의 꼬리 수를 구하는 식 **45 = 9 × 5**

? 45를 만들어 볼까요?

1. 9씩 몇 묶음이 있어야 45를 만들 수 있는지 묶어 보세요.

2. 3씩 몇 묶음이 있어야 45를 만들 수 있는지 묶어 보세요.

3. 15씩 몇 묶음이 있어야 45를 만들 수 있는지 묶어 보세요.

45 = ?	① 1을 45번 더하기 45 = 1 × 45
	② 3을 15번 더하기 45 = 3 × 15
	③ 5를 9번 더하기 45 = 5 × 9
	④ 9를 5번 더하기 45 = 9 × 5
	⑤ 15를 3번 더하기 45 = 15 × 3
	⑥ 45를 1번 더하기 45 = 45 × 1

🐸 앞의 수와 뒤의 수를 바꾸어도 되니 한 개의 식을 알면 나머지 식도 쉽게 만들 수 있어!

❓ 9단과 다른 단의 관계를 알아볼까요?

×	1	2	3	4	5	6	7	8	9	10	11	12
9단	9	18	27	36	45	54	63	72	81	90	99	108
+1(단) ↓	+(1×1) ↓	+(1×2) ↓	+(1×3) ↓	+(1×4) ↓	+(1×5) ↓	+(1×6) ↓	+(1×7) ↓	+(1×8) ↓	+(1×9) ↓	+(1×10) ↓	+(1×11) ↓	+(1×12) ↓
10단	10	20	30	40	50	60	70	80	90	100	110	120

9단에 1단을 더하면 10단이네요.

×	1	2	3	4	5	6	7	8	9	10	11	12
9단	9	18	27	36	45	54	63	72	81	90	99	108
-3(단) ↓	-(3×1) ↓	-(3×2) ↓	-(3×3) ↓	-(3×4) ↓	-(3×5) ↓	-(3×6) ↓	-(3×7) ↓	-(3×8) ↓	-(3×9) ↓	-(3×10) ↓	-(3×11) ↓	-(3×12) ↓
6단	6	12	18	24	30	36	42	48	54	60	66	72

9단에서 3단을 빼면 ☐단이네요.

🐱 9단은 5단과 몇 단의 합일까?

🐸 5에 4를 더하면 9니까 4단이군.

🐱 9단은 2단과 몇 단의 합으로 만들 수 있을까?

🐸 2에 ☐을 더하면 9니까 ☐단이군.

🐱 9단은 3단으로 어떻게 만들까?

🐸 9는 3의 ☐배니까 3단을 ☐배 하면 되는군.

아하~ 그렇구나~!

1단 깨치기

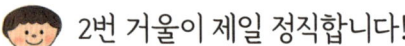

- 2번 거울이 제일 정직합니다!
- 2번은 1배(×1) 거울이라 여왕님 그대로 나타냅니다!
- 1배 거울인 2번만 남기고 나머지 거울은 다 없애도록 하라!

❓ 1을 곱하면 어떻게 될까요?

×	1	2	3	4	5	6	7	8	9	10	11	12
1	1	2	3	4	5	6	7	8	9	10	11	12

×	10	20	30	40	50	60	70	80	90	100	110	120
1	10	20	30	40	50	60	70	80	90	100	110	120

×	100	200	300	400	500	600	700	800	900	1000	1100	1200
1	100	200	300	400	500	600	700	800	900	1000	1100	1200

❓ 더 어려운 곱셈을 풀어 볼까요?

×	1000	20000	300000	444444	654321
1					

🧒 1을 곱하면 거울처럼 원래 수가 그대로 나오네?

🐱 1은 참 정직해. 더하지도 빼지도 않고 원래 수가 그대로 나오거든.

🧒 1에는 어떤 수를 곱해도 원래 수가 나온다는 말씀!

# 0단 깨치기

"빨리 도망가!"

"먹히면 0이 된다고!"

"난 0이 되기 싫다고!!"

 59888888도 0에게 먹혔대.

 말도 마. 9999999999999999999999999도 0에게 먹혀서 그만…….

 0은 괴물이야 괴물! 모든 수를 0으로 만든다니 무서워.

❓ 0을 곱하면 어떻게 될까요?

×	1	2	3	4	5	6	7	8	9	10	11	12
0	0	0	0	0	0	0	0	0	0	0	0	0

×	10	20	30	40	50	60	70	80	90	100	110	120
0	0	0	0	0	0	0	0	0	0	0	0	0

×	100	200	300	400	500	600	700	800	900	1000	1100	1200
0	0	0	0	0	0	0	0	0	0	0	0	0

❓ 더 어려운 곱셈을 풀어 볼까요?

×	1000	20000	300000	444444	654321
0					

🐱 정답은 모두 0이네?

🐸 0은 괴물이야. 모든 수를 0으로 만드는 곱셈 괴물!

🐱 0에는 어떤 수를 곱해도 0이 나온다는 사실!

 단 깨치기

🐱 1을 곱하면 원래의 수가 나왔잖아. 1과 닮은 10을 곱하면 어떤 수가 나와?

👦 1과 비슷한데 조금 달라. 원래의 수보다 10배 큰 수가 나오거든.

🐱 그럼 원래의 수보다 10배 큰 수니까 0을 하나 더 붙이면 되겠네?

2 × 10 = ~~210~~
2에 10을 곱하면 210이 나온다고?

2 × 10 = 20
그게 아니라 2에 10을 곱하면 2의 10배인 20이 된다는 말씀!

4 × 10 = 40
4에 10을 곱하면? 40

9 × 10 = 90
9에 10을 곱하면? 90

❓ 1을 곱하면 어떻게 될까요?

×	1	2	3	4	5	6	7	8	9	10	11	12
1	1	2	3	4	5	6	7	8	9	10	11	12

❓ 이번엔 10을 곱해 볼까요?

×	1	2	3	4	5	6	7	8	9	10	11	12
10	10	20	30	40	50	60	70	80	90	100	110	120

❓ 1을 곱하면 어떻게 될까요?

×	10	20	30	40	50	60	70	80	90	100	110	120
1	10	20	30	40	50	60	70	80	90	100	110	120

❓ 이번엔 10을 곱해 볼까요?

×	10	20	30	40	50	60	70	80	90	100	110	120
10	100	200	300	400	500	600	700	800	900	1000	1100	1200

🐱 1을 곱하면 거울처럼 원래 수가 나오는데, 10을 곱하면 10배가 커지는군.

🐸 원래 수의 10배, 즉 0을 하나 더 붙여 주면 돼.

🐱 그럼 원래 수에 100을 곱하면 원래 수의 100배가 되니까, 0을 2개만 더 붙여 주면 되겠군. 우아! 규칙이 엄청 쉽네!

11단 깨치기

❓ 11과 관계있는 것을 알아볼까요? 축구는 11명의 선수가 한 팀이 되어 경기해요.

❓ 11월은 원래 11번째 달이 아니었다고요?

November(11월)에서 'novem'은 라틴어로 숫자 9예요. 고대에는 1년이 10달이었으며, 3월이 시작 달이었어요. 그러다가 기원전 700년경 1월과 2월을 새로 만들어 1년이 12달이 되었어요. 그래서 9번째 달인 November는 2달 뒤인 11월이 된 것이랍니다.

❓ 1개의 딸기 케이크를 딸기 11개로 장식했어요. 5개의 딸기 케이크에 들어가는 딸기의 수는 모두 몇 개인가요?

11   11   11   11   11

딸기 케이크에 들어가는 딸기의 수는 11씩 늘어나 11단을 이용해요.

$$11 + 11 + 11 + 11 + 11 = 11 \times 5 = 55$$

'11 곱하기 5는 55입니다.'라고 읽어.

×	1	2	3	4	5	6	7	8	9	10	11	12
11	11	22	33	44	55	66	77	88	99	110	121	132

🐸 5개의 딸기 케이크에 들어가는 딸기의 수는 모두 55개야.

❓ 11씩 뛰어 세기한 수에 ○표를 해 봅시다.

	0	1	2	3	4	5	6	7	8	9
10		⑪	12	13	14	15	16	17	18	19
20		21	㉒	23	24	25	26	27	28	29
30		31	32	㉝	34	35	36	37	38	39
40		41	42	43	44	45	46	47	48	49
50		51	52	53	54	55	56	57	58	59
60		61	62	63	64	65	66	67	68	69
70		71	72	73	74	75	76	77	78	79
80		81	82	83	84	85	86	87	88	89
90		91	92	93	94	95	96	97	98	99
100		101	102	103	104	105	106	107	108	109
110		111	112	113	114	115	116	117	118	119
120		121	122	123	124	125	126	127	128	129
130		131	132	133	134	135	136	137	138	139

❓ 11씩 뛰어 세기로 ○표 한 수를 순서대로 써 봅시다.

11									

11씩 뛰어 세기하면 ☐단이 나오네!

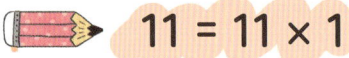 11 = 11 × 1

❓ 11을 만들어 볼까요?

1+1+1+1+1+1+1+1+1+1+1=1×11=11

11×1=11

❓ 11을 만드는 방법은?

① 1을 11번 더하기 1 × 11 = 11
② 11을 1번 더하기 11 × 1 = 11

① 1×11=11

② 11×1=11

✏️ 22 = 11 × 2

❓ 22를 만들어 볼까요?

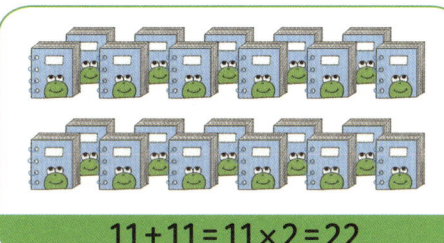

11 + 11 = 11 × 2 = 22

2+2+2+2+2+2+2+2+2+2+2
= 2 × 11 = 22

❓ 22를 만드는 방법은?

① 1을 22번 더하기   1 × 22 = 22
② 2를 11번 더하기   2 × 11 = 22
③ 11을 2번 더하기 11 × 2 = 22
④ 22를 1번 더하기 22 × 1 = 22

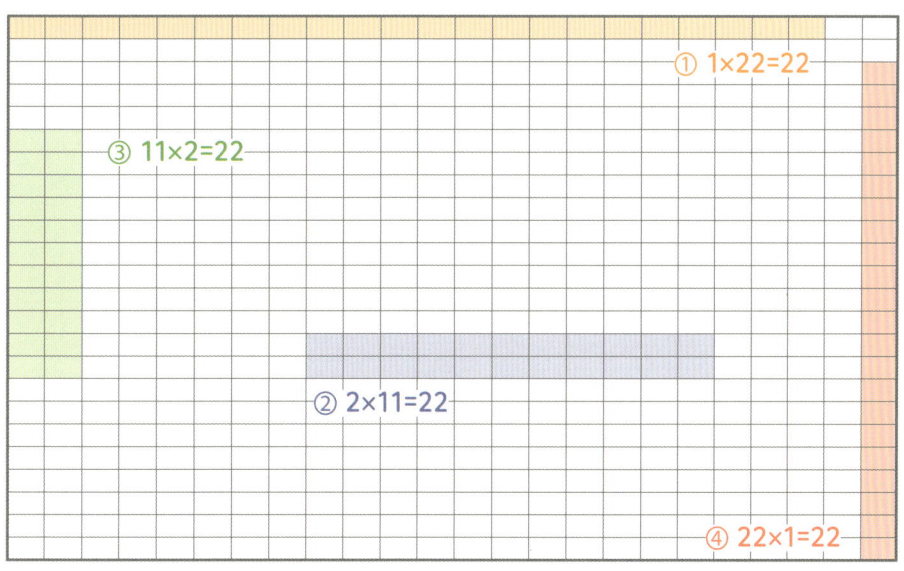

✏️ 5개의 딸기 케이크에 들어가는 딸기의 수를 구하는 식 **55=11×5**

❓ 55를 만들어 볼까요?

1. 11씩 몇 묶음이 있어야 55를 만들 수 있는지 묶어 보세요.

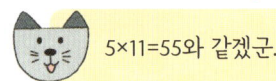
5×11=55와 같겠군.

2. 5씩 몇 묶음이 있어야 55를 만들 수 있는지 묶어 보세요.

55 = ?	① 1을 55번 더하기 55 = 1 × 55
	② 5를 11번 더하기 55 = 5 × 11
	③ 11을 5번 더하기 55 = 11 × 5
	④ 55를 1번 더하기 55 = 55 × 1

🐸 앞의 수와 뒤의 수를 바꾸어도 되니 한 개의 식을 알면 나머지 식도 쉽게 만들 수 있어!

❓ 11단과 다른 단의 관계를 알아볼까요?

×	1	2	3	4	5	6	7	8	9	10	11	12
11단	11	22	33	44	55	66	77	88	99	110	121	132
−3(단)	−(3×1)	−(3×2)	−(3×3)	−(3×4)	−(3×5)	−(3×6)	−(3×7)	−(3×8)	−(3×9)	−(3×10)	−(3×11)	−(3×12)
↓	↓	↓	↓	↓	↓	↓	↓	↓	↓	↓	↓	↓
8단	8	16	24	32	40	48	56	64	72	80	88	96

11단에서 3단을 빼면 8단이네요.

×	1	2	3	4	5	6	7	8	9	10	11	12
11단	11	22	33	44	55	66	77	88	99	110	121	132
−6(단)	−(6×1)	−(6×2)	−(6×3)	−(6×4)	−(6×5)	−(6×6)	−(6×7)	−(6×8)	−(6×9)	−(6×10)	−(6×11)	−(6×12)
↓	↓	↓	↓	↓	↓	↓	↓	↓	↓	↓	↓	↓
5단	5	10	15	20	25	30	35	40	45	50	55	60

11단에서 6단을 빼면 5단이네요.

×	1	2	3	4	5	6	7	8	9	10	11	12
11단	11	22	33	44	55	66	77	88	99	110	121	132
−11(단)	−(11×1)	−(11×2)	−(11×3)	−(11×4)	−(11×5)	−(11×6)	−(11×7)	−(11×8)	−(11×9)	−(11×10)	−(11×11)	−(11×12)
↓	↓	↓	↓	↓	↓	↓	↓	↓	↓	↓	↓	↓
0단	0	0	0	0	0	0	0	0	0	0	0	0

11단에서 그 자신과 같은 값인 11단을 빼면 ☐단이네요.

🐱 11단은 4단과 몇 단의 합일까?

🐸 4에 7을 더하면 11이니까 7단이군.

🐱 11단은 8단과 몇 단의 합으로 만들 수 있을까?

🐸 8에 ☐을 더하면 11이니까 ☐단이군.

🐱 11단은 1단으로 어떻게 만들까?

🐸 11은 1의 ☐배니까 1단을 ☐배 하면 되는군.

원리도 알기 쉽게~

12단 깨치기

❓ 12와 관계있는 것을 알아볼까요?

우리가 매일 알아보는 시간은 12의 배수랍니다.

❓ 시계에서 자주 보는 로마 숫자를 읽어 보아요.

1	2	3	4	5	6	7	8	9	10	11	12
I	II	III	IV	V	VI	VII	VIII	IX	X	XI	XII

❓ 연필 1다스에는 12자루의 연필이 들어 있어요. 연필 3다스에 들어 있는 연필은 모두 몇 자루일까요?

  12   12   12

연필 1다스에 들어 있는 연필의 수는 12씩 늘어나 12단을 이용해요.

$$12 + 12 + 12 = 12 \times 3 = 36$$

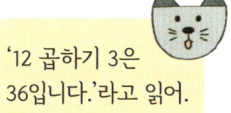
'12 곱하기 3은 36입니다.'라고 읽어.

×	1	2	3	4	5	6	7	8	9	10	11	12
12	12	24	36	48	60	72	84	96	108	120	132	144

연필 3다스에 들어 있는 연필의 수는 모두 36자루야.

❓ 12씩 뛰어 세기한 수에 ○표를 해 봅시다.

	0	1	2	3	4	5	6	7	8	9
10		11	⑫	13	14	15	16	17	18	19
20		21	22	23	㉔	25	26	27	28	29
30		31	32	33	34	35	㊱	37	38	39
40		41	42	43	44	45	46	47	48	49
50		51	52	53	54	55	56	57	58	59
60		61	62	63	64	65	66	67	68	69
70		71	72	73	74	75	76	77	78	79
80		81	82	83	84	85	86	87	88	89
90		91	92	93	94	95	96	97	98	99
100		101	102	103	104	105	106	107	108	109
110		111	112	113	114	115	116	117	118	119
120		121	122	123	124	125	126	127	128	129
130		131	132	133	134	135	136	137	138	139
140		141	142	143	144	145	146	147	148	149

❓ 12씩 뛰어 세기로 ○표 한 수를 순서대로 써 봅시다.

12											

12씩 뛰어 세기하면 ☐ 단이 나오네!

 12 = 12 × 1

❓ 12를 만들어 볼까요?

6+6=6×2=12

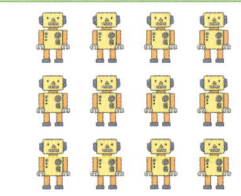

4+4+4=4×3=12

❓ 12를 만드는 방법은?

① 1을 12번 더하기   1 × 12 = 12
② 2를 6번 더하기   2 × 6 = 12
③ 3을 4번 더하기   3 × 4 = 12
④ 4를 3번 더하기   4 × 3 = 12
⑤ 6을 2번 더하기   6 × 2 = 12
⑥12를 1번 더하기 12 × 1 = 12

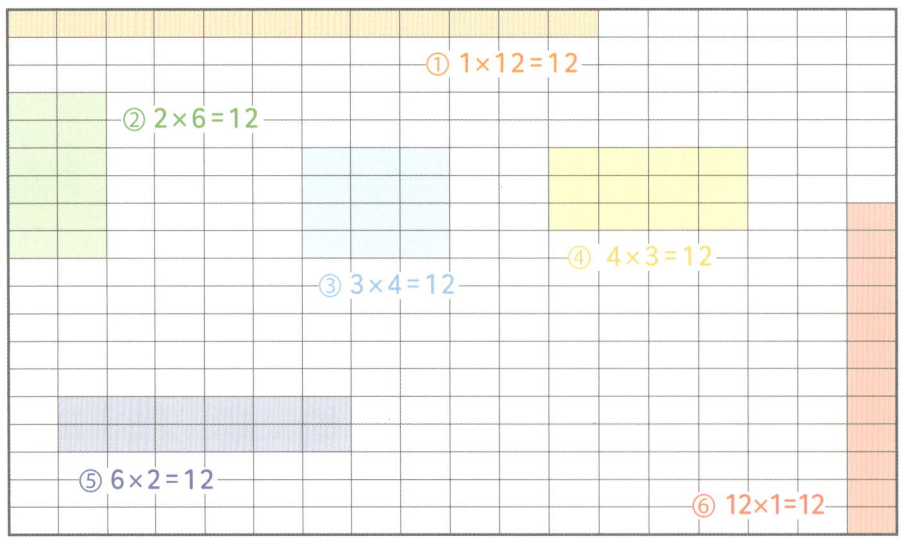

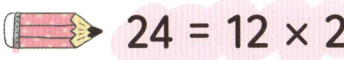 24 = 12 × 2

❓ 24를 만들어 볼까요?

12+12=12×2=24   6+6+6+6=6×4=24

❓ 24를 만드는 방법은?

① 1을 24번 더하기 1 × 24 = 24   ⑤ 6을 4번 더하기 6 × 4 = 24
② 2를 12번 더하기 2 × 12 = 24   ⑥ 8을 3번 더하기 8 × 3 = 24
③ 3을 8번 더하기 3 × 8 = 24   ⑦ 12를 2번 더하기 12 × 2 = 24
④ 4을 6번 더하기 4 × 6 = 24   ⑧ 24를 1번 더하기 24 × 1 = 24

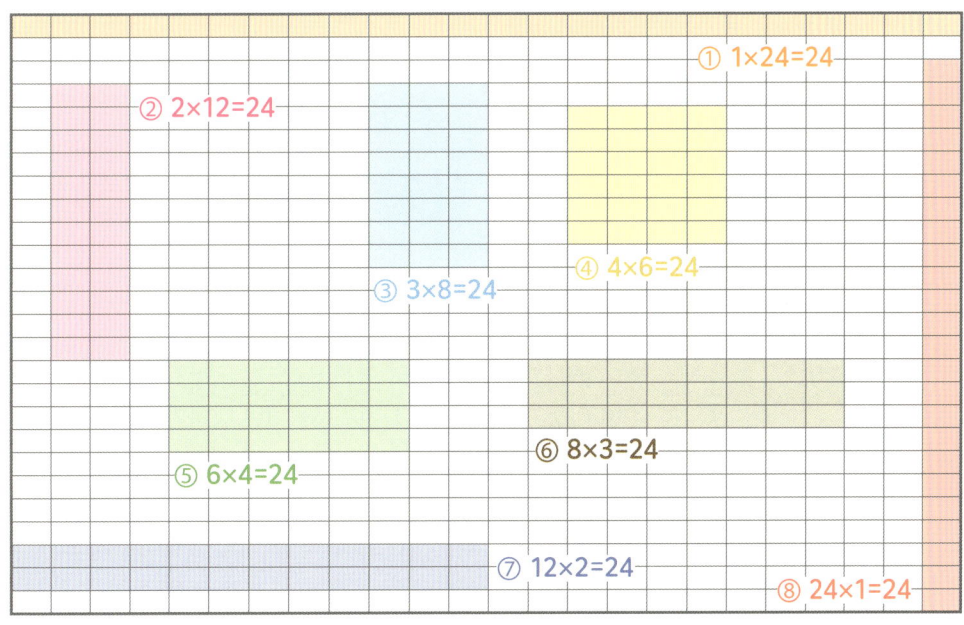

✏️ 연필 3다스에 들어 있는 연필의 수를 구하는 식 **36 = 12 × 3**

❓ 36을 만들어 볼까요?

1. 12씩 몇 묶음이 있어야 36을 만들 수 있는지 묶어 보세요.

2. 2씩 몇 묶음이 있어야 36을 만들 수 있는지 묶어 보세요.

3. 3씩 몇 묶음이 있어야 36을 만들 수 있는지 묶어 보세요.

4. 6씩 몇 묶음이 있어야 36을 만들 수 있는지 묶어 보세요.

36 = ?
① 1을 36번 더하기 36 = 1 × 36
② 2을 18번 더하기 36 = 2 × 18
③ 3를 12번 더하기 36 = 3 × 12
④ 4를 9번 더하기 36 = 4 × 9
⑤ 6을 6번 더하기 36 = 6 × 6
⑥ 9를 4번 더하기 36 = 9 × 4
⑦ 12를 3번 더하기 36 = 12 × 3
⑧ 18을 2번 더하기 36 = 18 × 2
⑨ 36을 1번 더하기 36 = 36 × 1

🐸 앞의 수와 뒤의 수를 바꾸어도 되니 한 개의 식을 알면 나머지 식도 쉽게 만들 수 있어!

❓ 12단과 다른 단의 관계를 알아볼까요?

×	1	2	3	4	5	6	7	8	9	10	11	12
12단	12	24	36	48	60	72	84	96	108	120	132	144
−3(단)	−(3×1)	−(3×2)	−(3×3)	−(3×4)	−(3×5)	−(3×6)	−(3×7)	−(3×8)	−(3×9)	−(3×10)	−(3×11)	−(3×12)
↓	↓	↓	↓	↓	↓	↓	↓	↓	↓	↓	↓	↓
9단	9	18	27	36	45	54	63	72	81	90	99	108

12단에서 3단을 빼면 9단이네요.

×	1	2	3	4	5	6	7	8	9	10	11	12
12단	12	24	36	48	60	72	84	96	108	120	132	144
−5(단)	−(5×1)	−(5×2)	−(5×3)	−(5×4)	−(5×5)	−(5×6)	−(5×7)	−(5×8)	−(5×9)	−(5×10)	−(5×11)	−(5×12)
↓	↓	↓	↓	↓	↓	↓	↓	↓	↓	↓	↓	↓
7단	7	14	21	28	35	42	49	56	63	70	77	84

12단에서 5단을 빼면 7단이네요.

×	1	2	3	4	5	6	7	8	9	10	11	12
12단	12	24	36	48	60	72	84	96	108	120	132	144
−11(단)	−(11×1)	−(11×2)	−(11×3)	−(11×4)	−(11×5)	−(11×6)	−(11×7)	−(11×8)	−(11×9)	−(11×10)	−(11×11)	−(11×12)
↓	↓	↓	↓	↓	↓	↓	↓	↓	↓	↓	↓	↓
1단	1	2	3	4	5	6	7	8	9	10	11	12

12단에서 11단을 빼면 ☐단이네요.

🐱 12단은 6단과 몇 단의 합일까?

🐸 6에 6을 더하면 12니까 6단이군.

🐱 12단은 2단과 몇 단의 합으로 만들 수 있을까?

🐸 2에 ☐을 더하면 12니까 ☐단이군.

🐱 12단은 4단으로 어떻게 만들까?

🐸 12는 4의 ☐배니까 4단을 ☐배 하면 되는군.

기초를 튼튼하게~

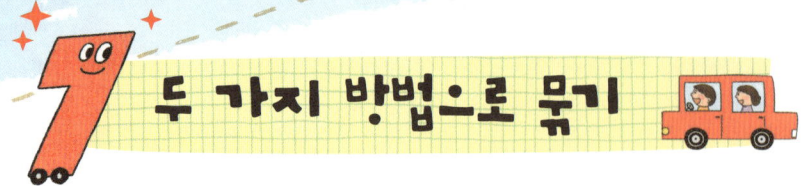

두 가지 방법으로 묶기

❓ <보기>와 같이 두 가지 방법으로 묶어 덧셈식과 곱셈식을 써 보세요.

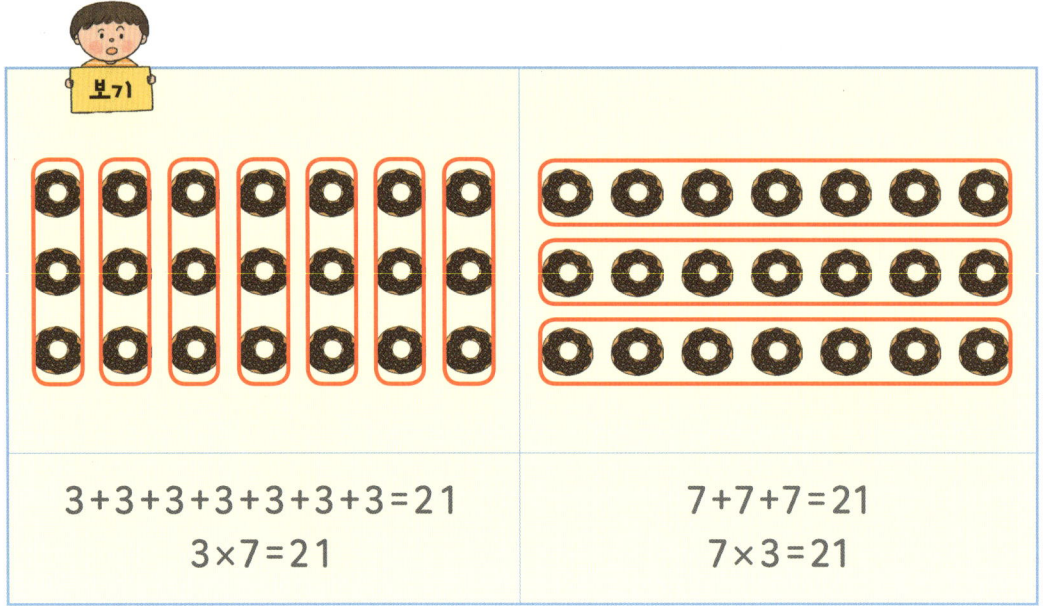

3+3+3+3+3+3+3=21
3×7=21

7+7+7=21
7×3=21

_____   _____
  ☐ × ☐ = ☐   ☐ × ☐ = ☐

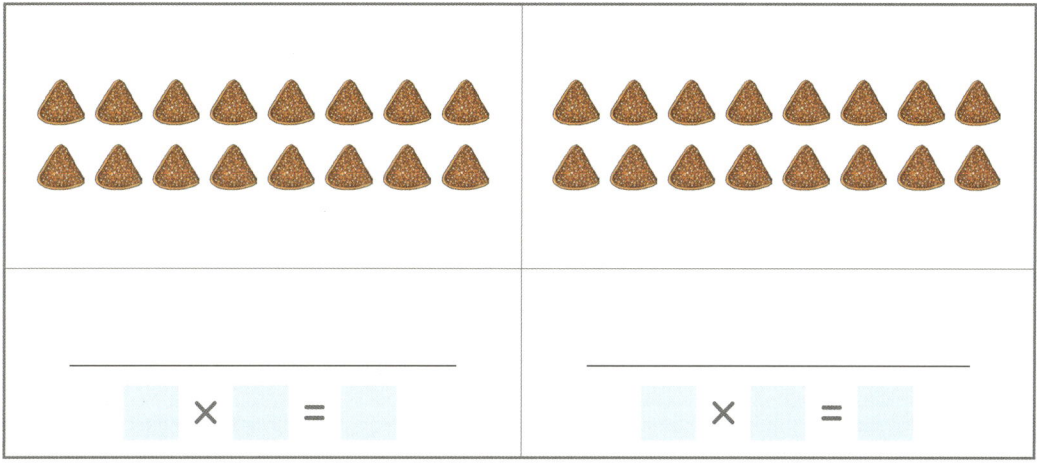

_____   _____

☐ × ☐ = ☐   ☐ × ☐ = ☐

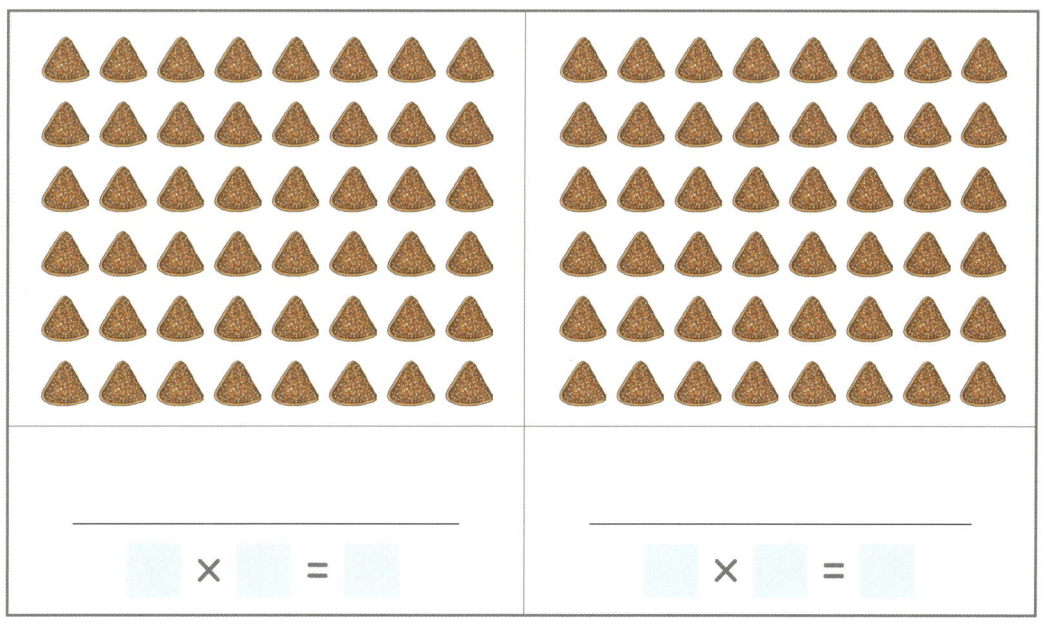

_____   _____

☐ × ☐ = ☐   ☐ × ☐ = ☐

묶어 세며 곱셈하기

❓ 2개씩 묶어 세며 2단의 곱을 연습해 보세요.

$2 \times 1 = 2$
$2 \times 2 = 4$
$2 \times 3 = 6$
$2 \times 4 = 8$
$2 \times 5 = 10$
$2 \times 6 = 12$
$2 \times 7 = 14$
$2 \times 8 = 16$
$2 \times 9 = 18$
$2 \times 10 = 20$

❓ 3개씩 묶어 세며 3단의 곱을 연습해 보세요.

$3 \times 1 =$ ____
$3 \times 2 =$ ____
$3 \times 3 =$ ____
$3 \times 4 =$ ____
$3 \times 5 =$ ____
$3 \times 6 =$ ____
$3 \times 7 =$ ____
$3 \times 8 =$ ____
$3 \times 9 =$ ____
$3 \times 10 =$ ____

❓ 4개씩 묶어 세며 4단의 곱을 연습해 보세요.

$4 \times 1 =$ ____
$4 \times 2 =$ ____
$4 \times 3 =$ ____
$4 \times 4 =$ ____
$4 \times 5 =$ ____
$4 \times 6 =$ ____
$4 \times 7 =$ ____
$4 \times 8 =$ ____
$4 \times 9 =$ ____
$4 \times 10 =$ ____

❓ 5개씩 묶어 세며 5단의 곱을 연습해 보세요.

5 × 1 = _____
5 × 2 = _____
5 × 3 = _____
5 × 4 = _____
5 × 5 = _____
5 × 6 = _____
5 × 7 = _____
5 × 8 = _____
5 × 9 = _____
5 × 10 = _____

❓ 6개씩 묶어 세며 6단의 곱을 연습해 보세요.

6 × 1 = _____
6 × 2 = _____
6 × 3 = _____
6 × 4 = _____
6 × 5 = _____
6 × 6 = _____
6 × 7 = _____
6 × 8 = _____
6 × 9 = _____
6 × 10 = _____

❓ 7개씩 묶어 세며 7단의 곱을 연습해 보세요.

7 × 1 = _____
7 × 2 = _____
7 × 3 = _____
7 × 4 = _____
7 × 5 = _____
7 × 6 = _____
7 × 7 = _____
7 × 8 = _____
7 × 9 = _____
7 × 10 = _____

❓ 8개씩 묶어 세며 8단의 곱을 연습해 보세요.

8 × 1 = ____
8 × 2 = ____
8 × 3 = ____
8 × 4 = ____
8 × 5 = ____
8 × 6 = ____
8 × 7 = ____
8 × 8 = ____
8 × 9 = ____
8 × 10 = ____

❓ 9개씩 묶어 세며 9단의 곱을 연습해 보세요.

9 × 1 = ____
9 × 2 = ____
9 × 3 = ____
9 × 4 = ____
9 × 5 = ____
9 × 6 = ____
9 × 7 = ____
9 × 8 = ____
9 × 9 = ____
9 × 10 = ____

❓ 11개씩 묶어 세며 11단의 곱을 연습해 보세요.

11 × 1 = ____
11 × 2 = ____
11 × 3 = ____
11 × 4 = ____
11 × 5 = ____
11 × 6 = ____
11 × 7 = ____
11 × 8 = ____
11 × 9 = ____
11 × 10 = ____

❓ 12개씩 묶어 세며 12단의 곱을 연습해 보세요.

12 × 1 = ____
12 × 2 = ____
12 × 3 = ____
12 × 4 = ____
12 × 5 = ____
12 × 6 = ____
12 × 7 = ____
12 × 8 = ____
12 × 9 = ____
12 × 10 = ____

3 같은 곱셈식 연결하기

? 같은 의미의 곱셈식과 덧셈식을 찾아 연결하세요.

3 × 6	4 × 4
5 × 4	5 + 5 + 5 + 5
4 + 4 + 4 + 4	3 + 3 + 3 + 3 + 3 + 3
5 + 5 + 5 + 5 + 5	11 + 11
11 × 2	5 × 5

3 + 3 + 3 + 3 + 3	2 + 2 + 2 + 2 + 2 + 2 + 2 + 2
8 × 2	4 + 4 + 4
2 × 8	3 × 5
12 + 12 + 12 + 12	12 × 4
4 × 3	4 + 4 + 4 + 4 + 4 + 4 + 4
7 × 4	8 + 8
4 × 7	7 + 7 + 7 + 7

 **결과가 같은 곱셈식 찾기**

❓ 곱셈식의 결과가 같은 것끼리 같은 색으로 칠하세요.

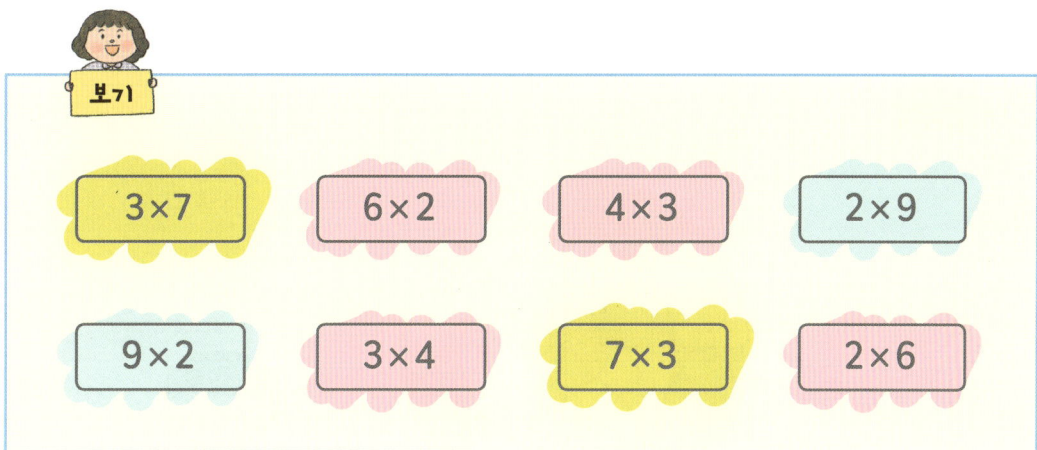

4×8	4×6	8×2
3×8	4×9	8×3
6×4	9×4	8×4
2×8	3×6	6×3

85

5 원반 돌리며 곱셈하기

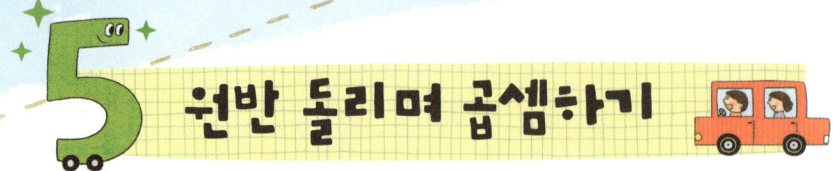

❓ 다음 원반의 규칙을 잘 살펴보고, 빈칸에 알맞은 수를 넣어 보세요.

1

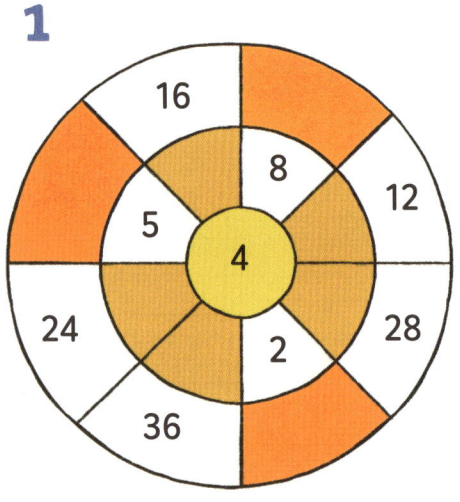

2

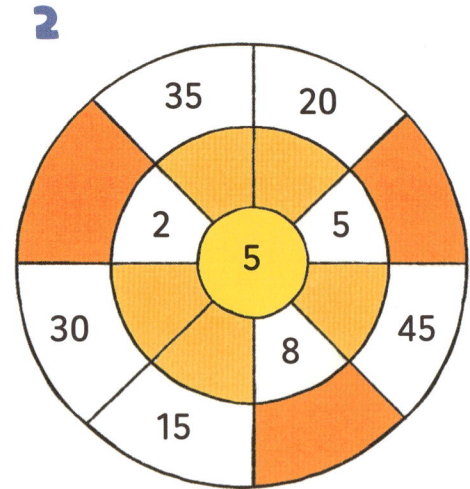

3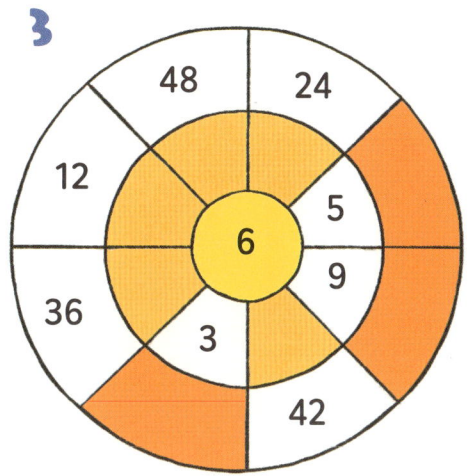

4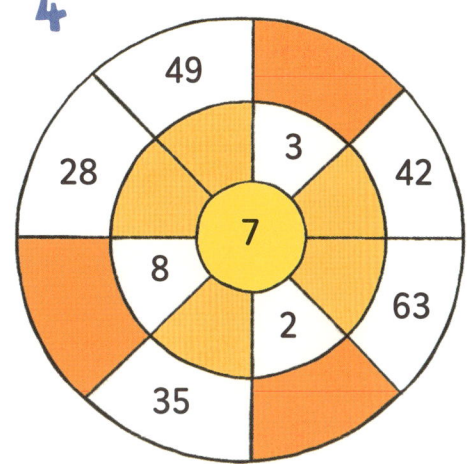

5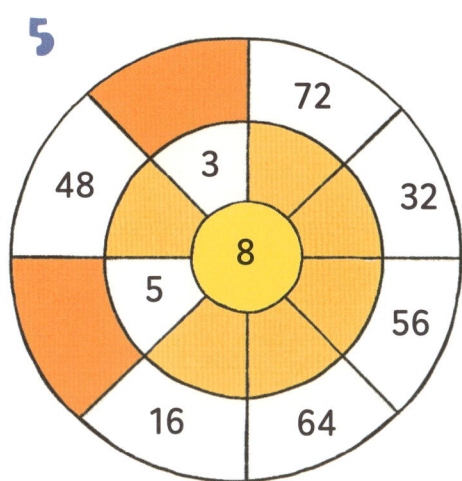

6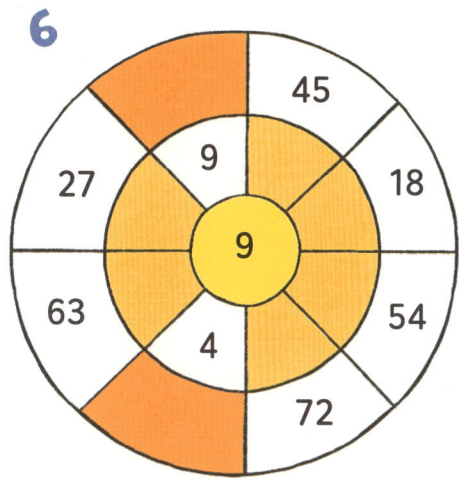

7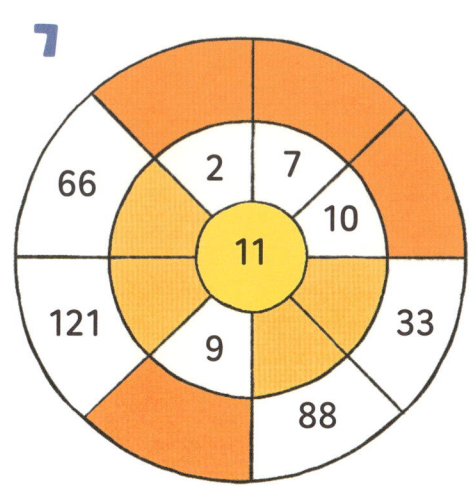

8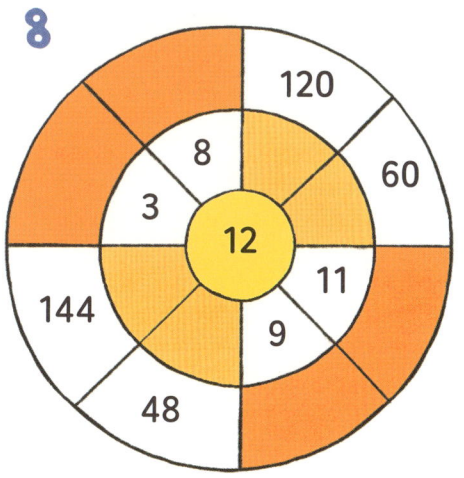

6  곱셈식을 막대로 나타내기

❓ 〈보기〉와 같이 곱셈식을 막대로 나타낸 다음 교차점의 개수를 세어 곱셈해 보세요.

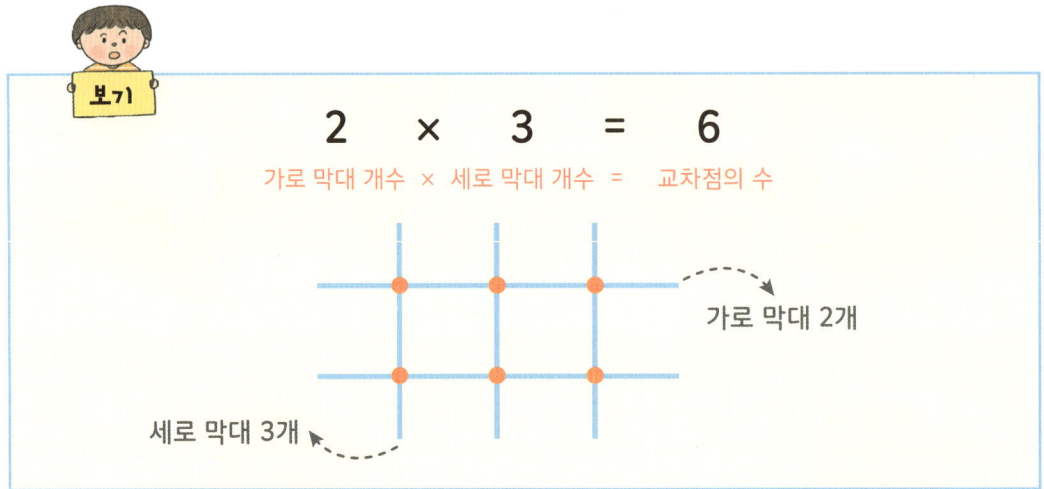

4 × 3 =	3 × 7 =

5 × 4 =	6 × 3 =

7 × 8 =	4 × 9 =

2 × 6 =	5 × 5 =

2 × 10 =	11 × 9 =

7 동물의 다리 수로 알아보는 곱셈식

❓ 〈보기〉와 같이 동물 다리의 수를 곱셈식으로 알아보세요.

2 × 3 = 6

1

☐ × ☐ = ☐

2

☐ × ☐ = ☐

3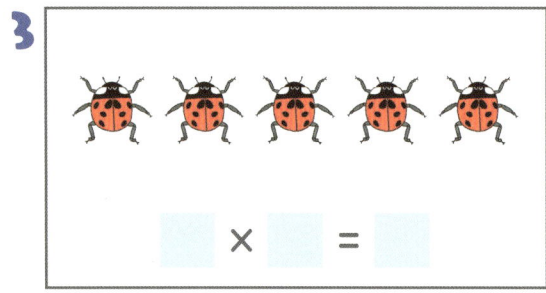

☐ × ☐ = ☐

4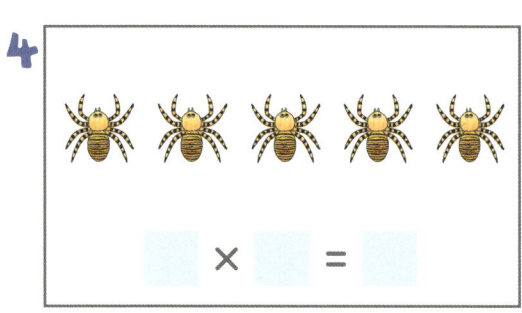

☐ × ☐ = ☐

5

☐ × ☐ = ☐

6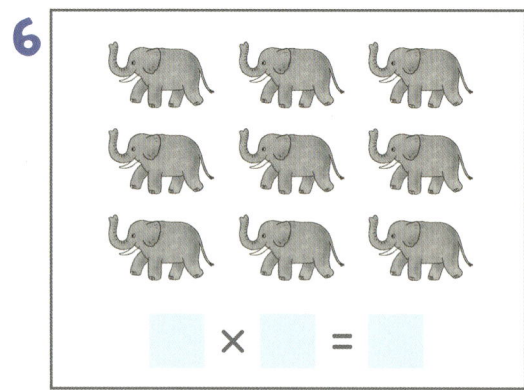

☐ × ☐ = ☐

구구단 색칠하기

❓ 구구단을 계산하여 그 결과를 아래와 같이 색칠하세요.

3×5
7×7
8×10
4×7
4×2
9×9
8×4
9×9
7×8
9×7
5×4
7×3
3×3
9×5
4×8
3×4
5×9
6×5
6×6
1×2
8×8
4×4
6×7
2×4
7×6
8×4
8×9
9×5

● 1~15   ● 16~30   ● 31~45   ● 46~60   ● 61~75   ● 76~85

곱셈식이 없는 곳은 여러분 마음대로 칠하세요.

 ## 곱셈으로 돈 계산하기

❓ 지갑 속에 든 돈이 모두 얼마인지 곱셈식을 써서 알아보세요.

1

( ) × ( ) = ( )

_____ 원

2

( ) × ( ) = ( )

_____ 원

3

( )×(2)=( )

( )×(3)=( )

_____원 + _____원

= _____원

4

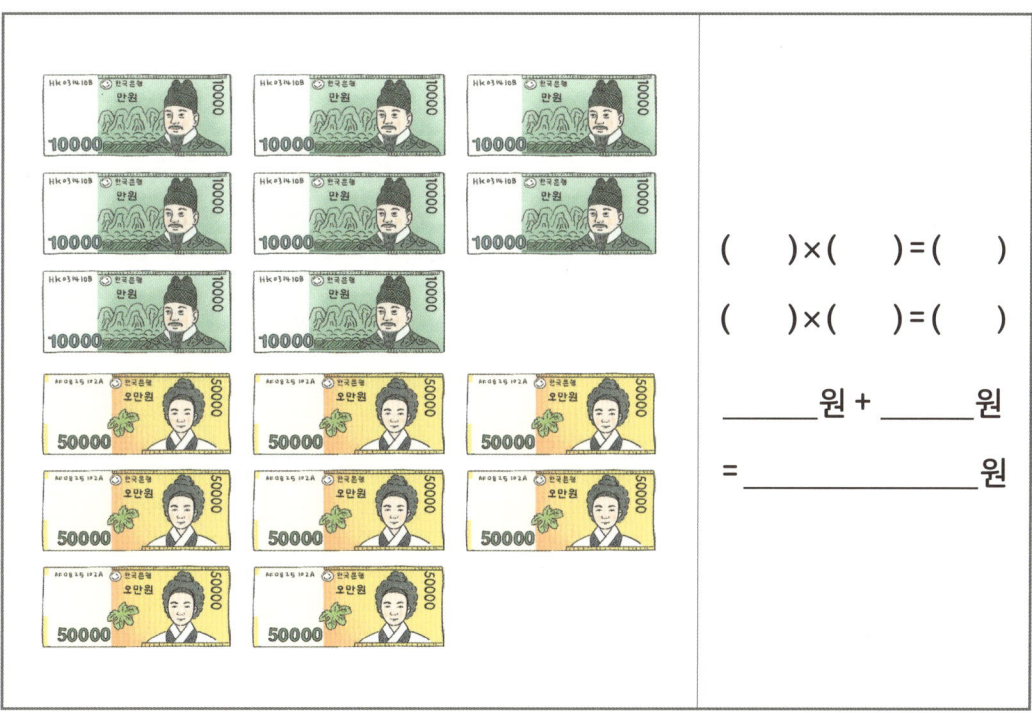

( )×( )=( )

( )×( )=( )

_____원 + _____원

= _____원

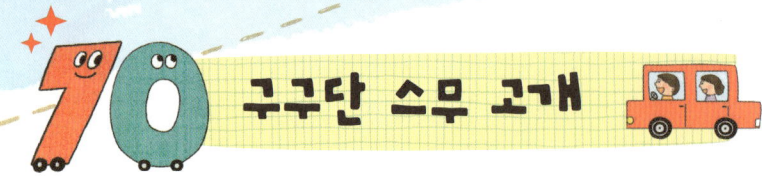

구구단 스무 고개

 친구들의 질문을 잘 읽고, 해당하는 곱셈식을 맞춰 보세요.

보기

➡ 5를 곱해서 얻어지는 수이니?   아니
➡ 곱의 결과가 두 자릿수이니?   응
➡ 7단 곱셈구구이니?   응
➡ 곱의 결과가 짝수이니?   아니
➡ 곱의 결과가 50보다 작니?   응
➡ 같은 수를 곱한 값이니?   응

정답 7 × 7 = 49

1

➡ 곱의 결과가 짝수이니?	아니
➡ 곱의 결과가 두 자릿수이니?	아니
➡ 같은 수를 곱한 값이니?	응
➡ 1단 곱셈구구이니?	아니

정답 _____ × _____ = _____

2

➡ 곱의 결과가 짝수이니?	아니
➡ 곱의 결과가 30보다 크니?	응
➡ 같은 수를 곱한 값이니?	아니
➡ 곱의 결과가 두 자릿수이니?	응
➡ 5단 곱셈구구이니?	응
➡ 곱의 결과가 50보다 크니?	아니
➡ 6×6의 값보다 작니?	응

정답 _____ × _____ = _____

3

➡ 곱의 결과가 짝수이니?	응
➡ 곱의 결과가 60보다 크니?	응
➡ 같은 수를 곱한 값이니?	아니
➡ 곱의 결과가 80보다 크니?	아니
➡ 9단 곱셈구구이니?	응
⬤ 정답 _____ × _____ = _____	

4

➡ 곱의 결과가 짝수이니?	아니
➡ 곱의 결과가 20보다 크니?	응
➡ 곱의 결과가 50보다 크니?	아니
➡ 같은 수를 곱한 값이니?	응
➡ 7단 곱셈구구이니?	아니
⬤ 정답 _____ × _____ = _____	

5

➡ 곱의 결과가 짝수이니?	응
➡ 곱의 결과가 30보다 크니?	아니
➡ 곱의 결과가 일의 자리 숫자가 0이니?	아니
➡ 4단 곱셈구구이니?	응
➡ 곱의 결과가 십의 자리 숫자가 2이니?	응
➡ 5×5의 값보다 작니?	응
⬤ 정답 _____ × _____ = _____	

점으로 알아 보는 곱셈구구

❓ 다음 그림을 보고 〈보기〉와 같이 점의 개수를 이용하여 곱셈식을 써 보세요.

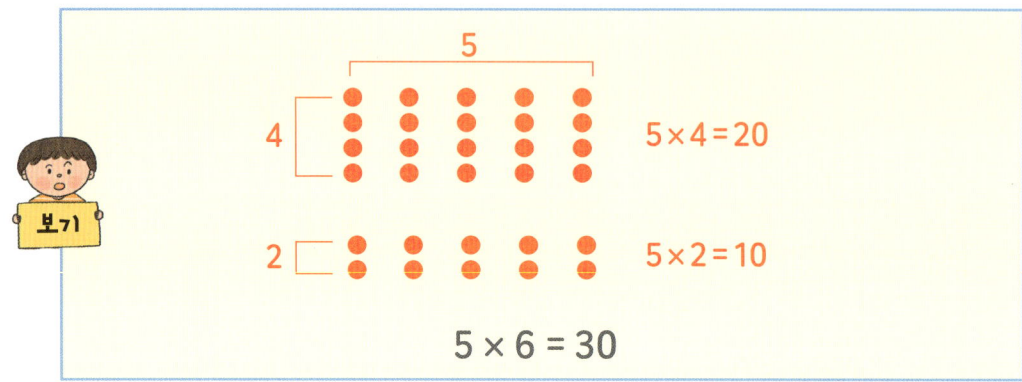

1

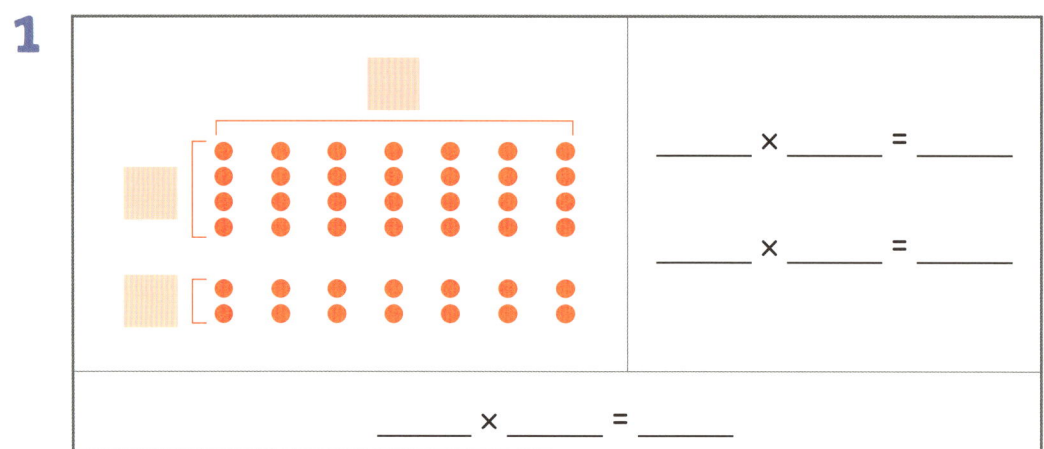

_____ × _____ = _____

_____ × _____ = _____

_____ × _____ = _____

2

_____ × _____ = _____

_____ × _____ = _____

_____ × _____ = _____

3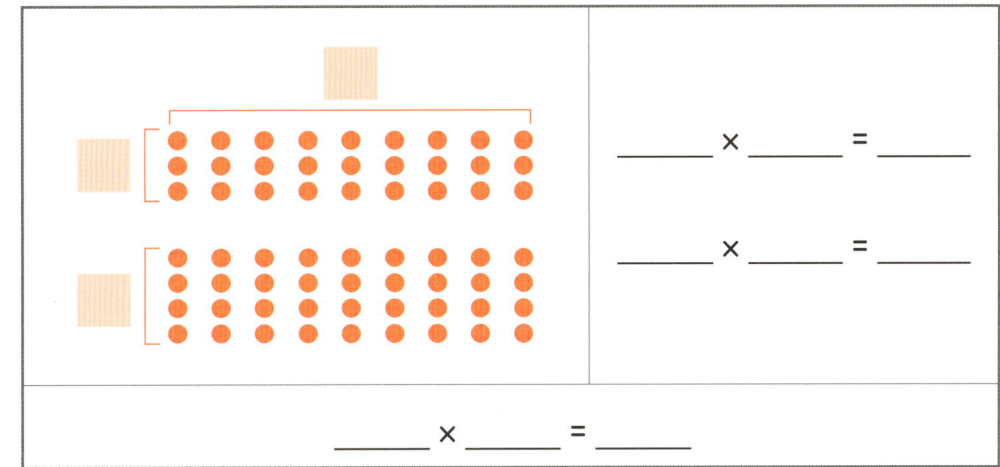

___ × ___ = ___

___ × ___ = ___

___ × ___ = ___

4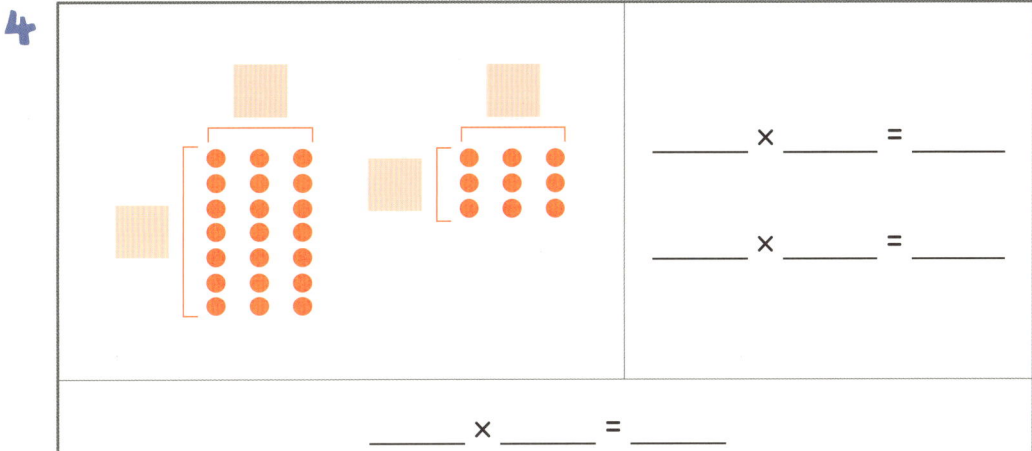

___ × ___ = ___

___ × ___ = ___

___ × ___ = ___

5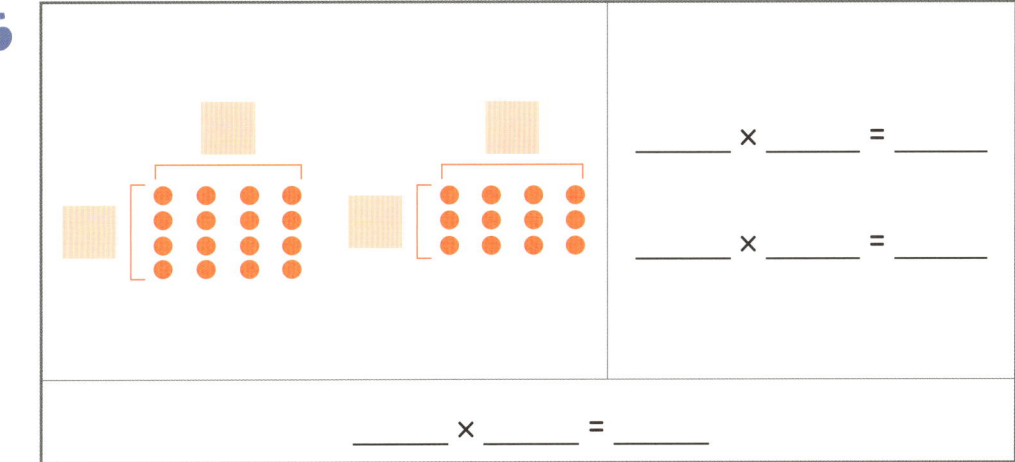

___ × ___ = ___

___ × ___ = ___

___ × ___ = ___

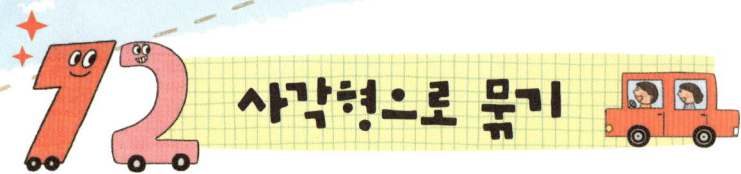

72 사각형으로 묶기

❓ 주어진 사각형 안에 같은 개수만큼 동그라미가 들어가도록 묶고 곱셈식을 써 보세요.

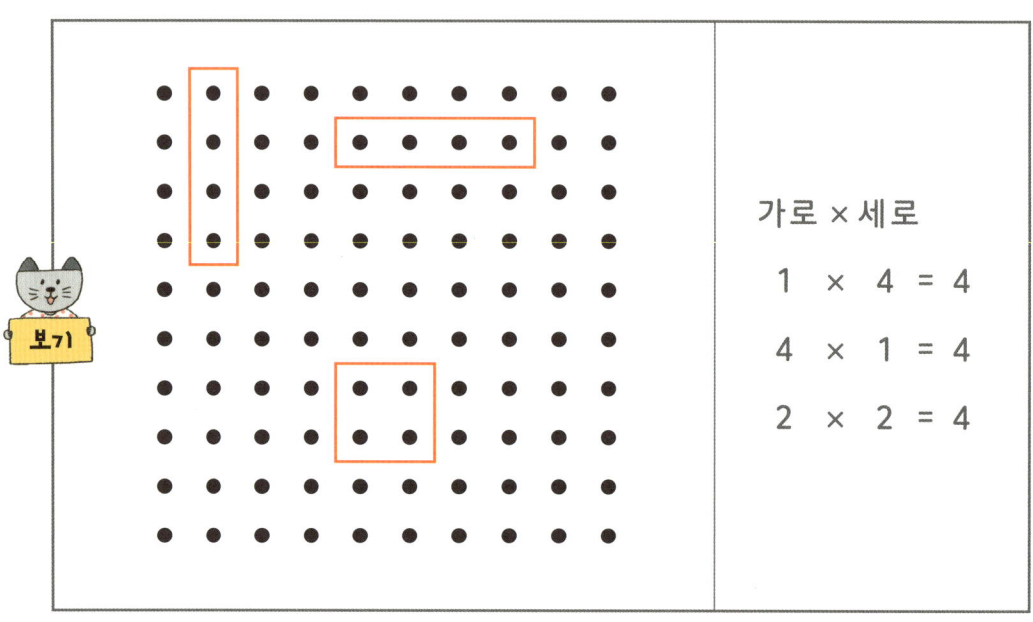

가로 × 세로

1 × 4 = 4

4 × 1 = 4

2 × 2 = 4

1

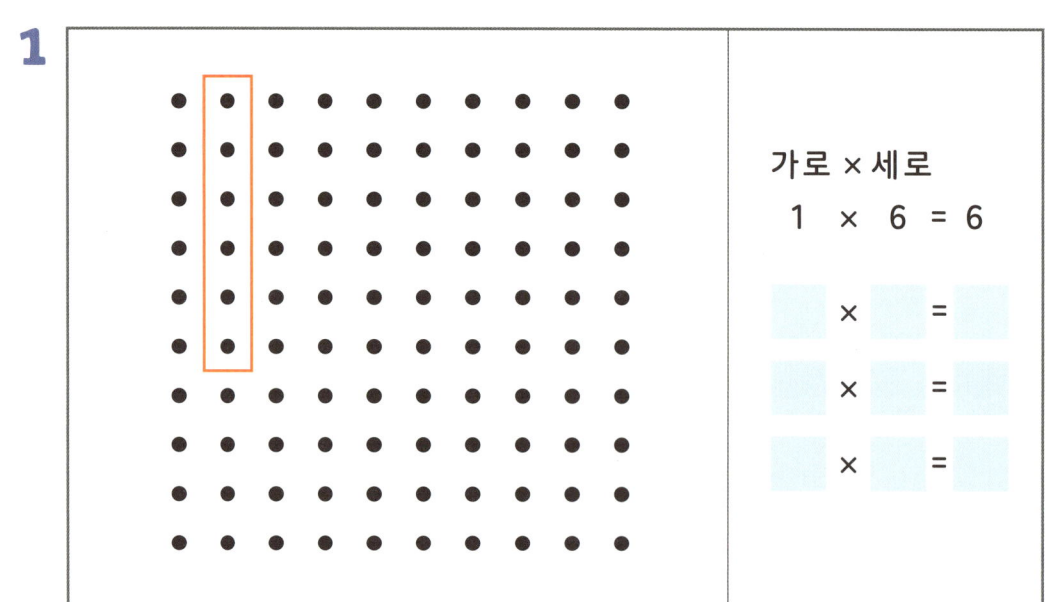

가로 × 세로

1 × 6 = 6

☐ × ☐ = ☐

☐ × ☐ = ☐

☐ × ☐ = ☐

2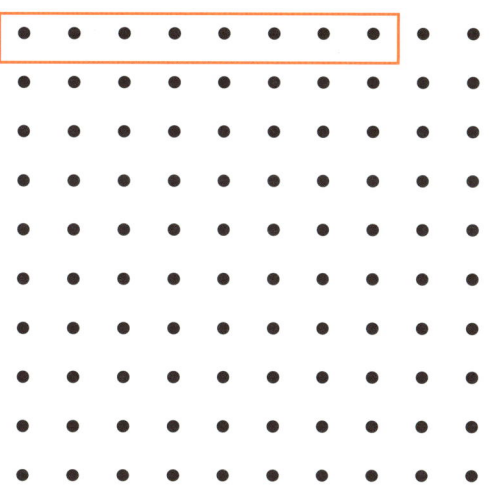

가로 × 세로
8 × 1 = 8

☐ × ☐ = ☐

☐ × ☐ = ☐

☐ × ☐ = ☐

3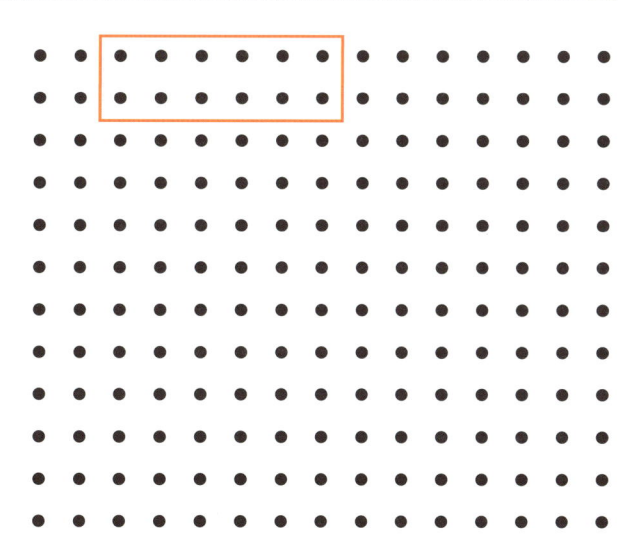

가로 × 세로
6 × 2 = 12

☐ × ☐ = ☐

☐ × ☐ = ☐

☐ × ☐ = ☐

☐ × ☐ = ☐

☐ × ☐ = ☐

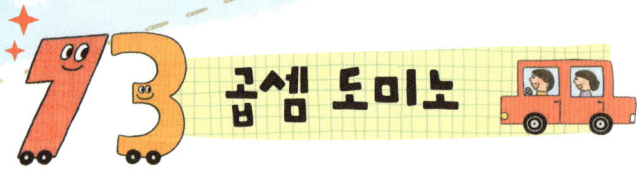

곱셈 도미노

? 〈보기〉와 같이 곱셈 도미노 카드에 이어질 순서대로 번호를 써 보세요.

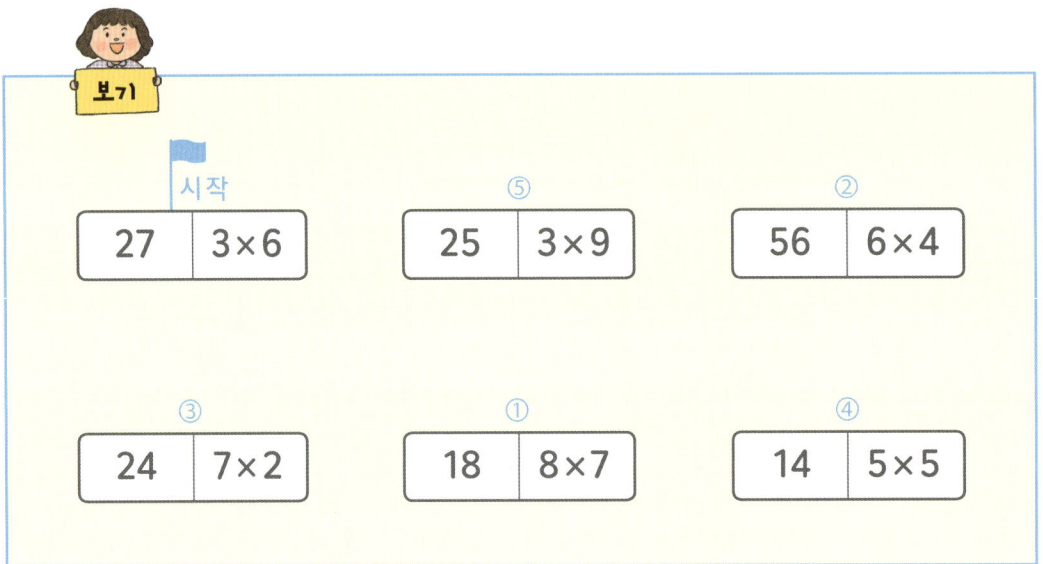

1

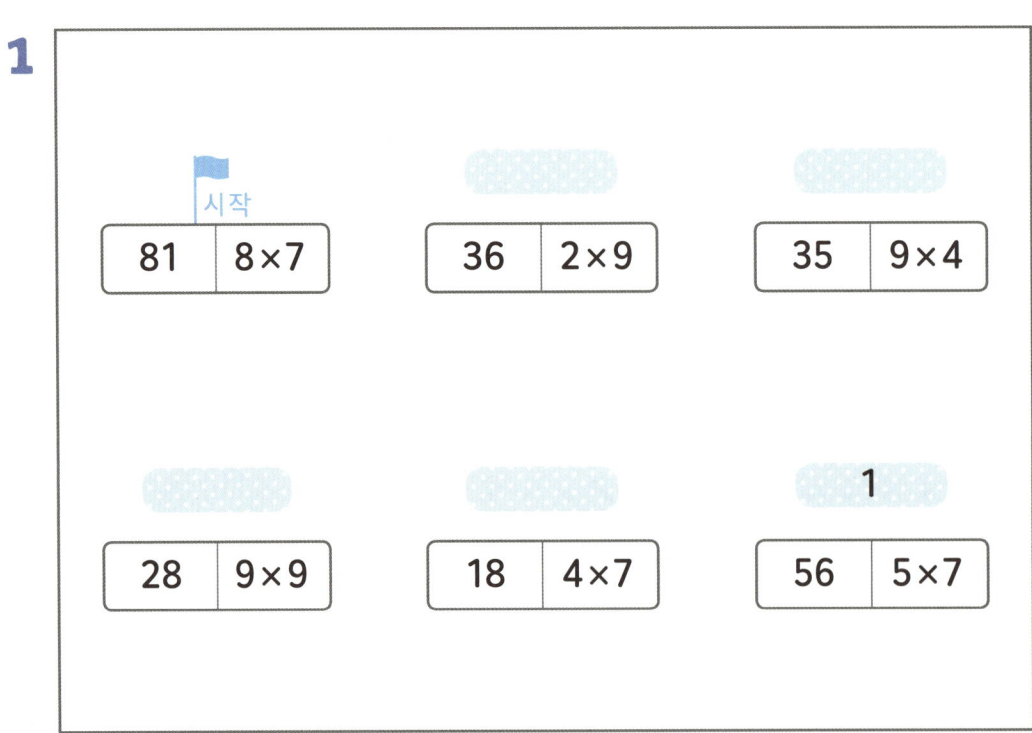

2

56	4×5
시작

| 42 | 7×8 |

| 21 | 5×9 |

| 49 | 9×2 |

| 20 | 3×7 |

| 18 | 6×5 |

| 45 | 7×7 |

| 21 | 6×7 |

| 30 | 3×7 |

3

| 12 | 5×2 |
시작

| 64 | 8×4 |

| 56 | 6×4 |

| 32 | 6×8 |

| 24 | 2×6 |

| 10 | 4×9 |

| 36 | 8×8 |

| 48 | 5×9 |

| 45 | 7×8 |

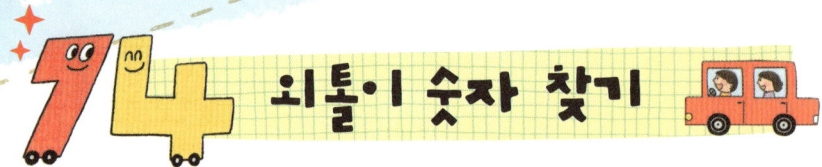 외톨이 숫자 찾기

? 다음에 주어진 숫자 중에서 관계없는 숫자 1개를 찾으세요.

 12 36 (28) 54 18 42

모두 6단 곱인데, 28만 6단 곱이 아니다.

1
| 21 | 3 | 14 |
| 56 | 49 | 63 |

2
| 20 | 36 | 8 |
| 12 | 24 | 18 |

3
| 16 | 26 | 32 |
| 40 | 72 | 56 |

4
| 72 | 18 | 36 |
| 86 | 45 | 27 |

5
| 6 | 12 | 30 |
| 9 | 8 | 18 |

6
| 27 | 12 | 30 |
| 18 | 6 | 24 |

? 다음에 주어진 숫자 중에서 관계없는 숫자 2개를 찾으세요.

7
24	28	35
12	21	42
14	56	49

8
32	40	46
16	24	64
72	36	56

75. 연속한 세 숫자의 비밀

❓ 연속한 3개의 숫자를 마음대로 정한 뒤, 맨 앞과 끝에 있는 숫자를 곱하세요. 그다음 가운데 숫자를 두 번 곱한 후 그 결과를 비교해 보세요. 어떤 규칙이 있나요?

 보기

연속한 숫자 2, 3, 4

➡ ① 맨 앞과 끝에 있는 숫자의 곱 2 × 4 = 8
➡ ② 가운데 있는 숫자를 두 번 곱한 값 3 × 3 = 9

규칙 : ①번 값이 ②번 값보다 1 작다

이 규칙이 다른 숫자에도 적용되는지 확인해 볼까요?

연속한 숫자 4, 5, 6

➡ ① 맨 앞과 끝에 있는 숫자의 곱 ⬚ × ⬚ = ⬚
➡ ② 가운데 있는 숫자를 두 번 곱한 값 ⬚ × ⬚ = ⬚

규칙 : ①번 값이 ②번 값보다 ⬚ 작다

연속한 숫자 6, 7, 8

➡ ① 맨 앞과 끝에 있는 숫자의 곱 ⬚ × ⬚ = ⬚
➡ ② 가운데 있는 숫자를 두 번 곱한 값 ⬚ × ⬚ = ⬚

규칙 : ①번 값이 ②번 값보다 ⬚ 작다

76 모눈 칸 곱셈하기

×	0	1	2	3	4	5	6	7	8	9
0										
1										
2										
3										
4										
5										
6										
7										
8										
9										

×	1	5	8	2	4	6	9	0	3	7
7										
0										
5										
9										
3										
1										
8										
4										
2										
6										

×	2	0	5	7	3	9	6	8	1	4
4										
1										
5										
8										
6										
0										
3										
7										
9										
2										

×	2	4	5	1	3	7	12	9	6	0	8	11	10
9													
0													
11													
12													
3													
10													
5													
7													
8													
2													
1													
4													
6													

77 구구단 그림

❓ 구구단 그림을 그려 볼까요? 구구단 그림을 그리려면 '구구단 자릿수근'을 구해야 해요. 먼저 구구단 표를 채워 보세요.

×	1	2	3	4	5	6	7	8	9
1	1	2	3	4	5	6	7	8	9
2	2	4	6						
3	3	6	9						
4	4	8	12						
5	5								
6	6								
7	7								
8	8								
9	9								

❓ 구구단 자릿수근이란, 구구단 값의 숫자를 서로 더해 값을 1~9까지의 한 자릿수로 만드는 것입니다. 예를 들어 3×4=12이면, 자릿수근은 12의 1과 2의 합인 3이 되지요.

×	1	2	3
1	1	2	3
2	2	4	6
3	3	6	9
4	4	8	⑫

1+2=3

❓ '구구단 자릿수근' 표를 채워 보세요.

×	1	2	3	4	5	6	7	8	9
1	1	2	3	4	5	6	7	8	9
2	2	4	6	8	1	3	5	7	9
3	3	6	9	3	6	9	3	6	9
4	4	8	3						
5	5	1	6						
6	6	3	⑨						
7	7	5							
8	8	7							
9	9	9							

↪ 6×3=18의 자릿수근은 18의 1과 8의 합인 9가 되지요.

❓ <보기>와 같이 구구단 자릿수근을 이용하여 그림을 그려 봅시다.

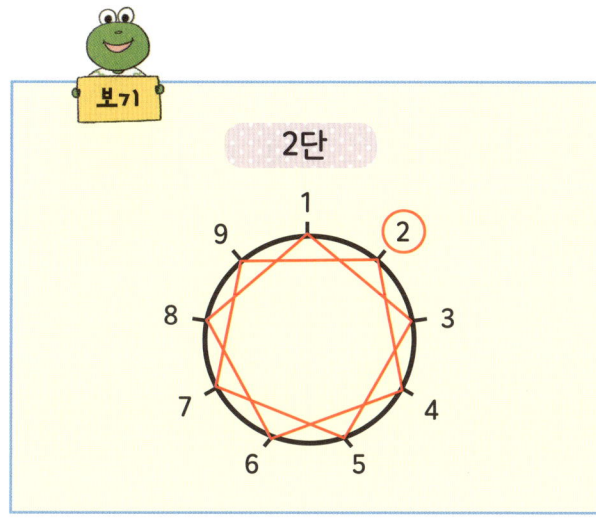

2단 자릿수근은 순서대로 2, 4, 6, 8, 1, 3, 5, 7, 9입니다. 이 값을 왼쪽 원 안에 순서대로 연결하면 왼쪽 그림이 완성돼요.

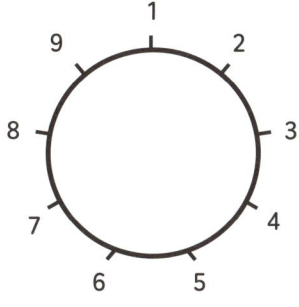

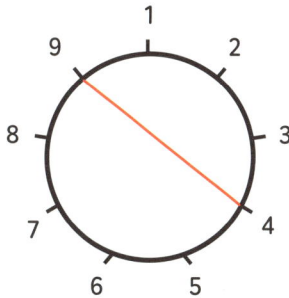

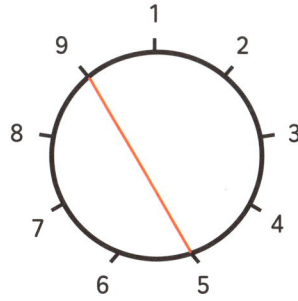

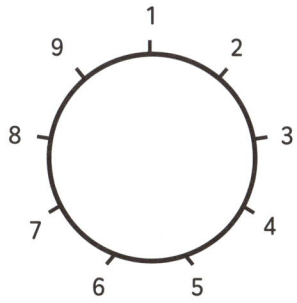

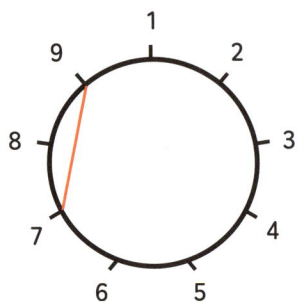

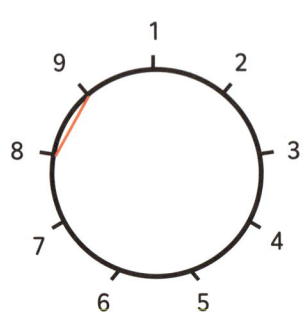

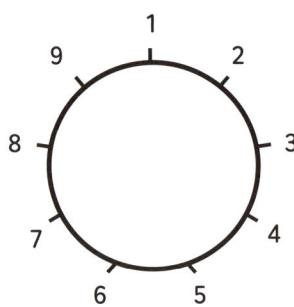

❓ 위의 구구단 그림에서 자릿수근 그림이 같은 것끼리 짝을 지어 보세요.

( )단, ( )단

( )단, ( )단

( )단, ( )단

❓ 위의 구구단 그림에서 찾을 수 있는 규칙을 말해 보세요.

 **구구단에 숨은 비밀**

❓ 3×3처럼 같은 홀수를 두 번 곱한 값은 8단 곱에 1을 더한 수와 값이 같아요. 단, 1을 두 번 곱한 값은 제외하고요.

보기
$3 \times 3 = 9 = (8 \times 1) + 1$

❓ 두 홀수의 곱을 〈보기〉와 같이 나타내 보세요.

$5 \times 5 = 25 = (8 \times) + 1$

$7 \times 7 = = (8 \times) + 1$

$9 \times 9 = = (\times) + $

$11 \times 11 = = (\times) + $

네이피어 곱셈 막대

❓ 네이피어 막대란, 네이피어(John Napier)라는 수학자가 만든 곱셈 막대예요. 계산기가 없던 시절에 곱셈을 빠르게 하기 위해서 구구단을 이용해서 만든 막대랍니다.

아홉 개의 각 막대에는 1부터 9까지 숫자들의 곱셈표가 그려져 있답니다. 첫 번째 막대에는 1의 배수가 1부터 9까지, 두 번째 막대에는 2의

배수가 2, 4, 6…18까지 쓰여 있지요. 이런 식으로 아홉 개의 막대에 1부터 9까지의 배수가 차례대로 있어요. 여기서 두 자리 이상의 숫자는 칸을 나눠 각각 따로 적었어요. 예를 들면 27은 2를 위쪽에 7을 아래쪽에 적었답니다.

×	1	2	3	4	5	6	7	8	9
1	0/1	0/2	0/3	0/4	0/5	0/6	0/7	0/8	0/9
2	0/2	0/4	0/6	0/8	1/0	1/2	1/4	1/6	1/8
3	0/3	0/6	0/9	1/2	1/5	1/8	2/1	2/4	2/7
4	0/4	0/8	1/2	1/6	2/0	2/4	2/8	3/2	3/6
5	0/5	1/0	1/5	2/0	2/5	3/0	3/5	4/0	4/5
6	0/6	1/2	1/8	2/4	3/0	3/6	4/2	4/8	5/4
7	0/7	1/4	2/1	2/8	3/5	4/2	4/9	5/6	6/3
8	0/8	1/6	2/4	3/2	4/0	4/8	5/6	6/4	7/2
9	0/9	1/8	2/7	3/6	4/5	5/4	6/3	7/2	8/1

❓ 네이피어 곱셈 막대를 이용해서 14×3을 계산해 볼까요?

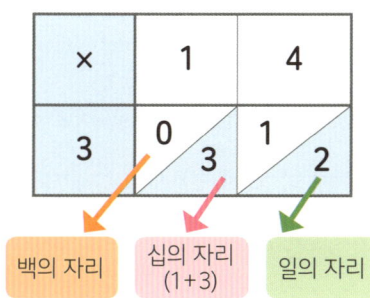

① 1과 4단 막대를 나란히 놓고 곱하는 수 3에 해당하는 줄을 찾아 표시해요.

② 대각선 방향으로 자릿값에 맞추어 더하되, 더한 값이 10을 넘어가면 윗자리로 받아올림을 해요.

③ 이렇게 하면 14와 3의 곱셈 값은 0, 1+3, 2이므로 답은 42가 돼요.

❓ 네이피어 곱셈 막대를 이용하여 직접 두 자릿수 곱셈에 도전해 볼까요?

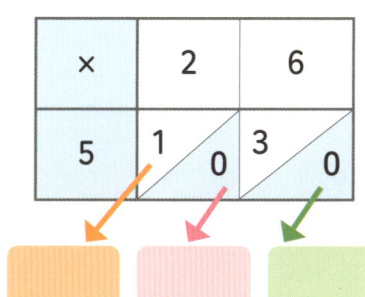

26 × 5 =

백의 자리 숫자는 (　)
십의 자리 숫자는 (　)
일의 자리 숫자는 (　)

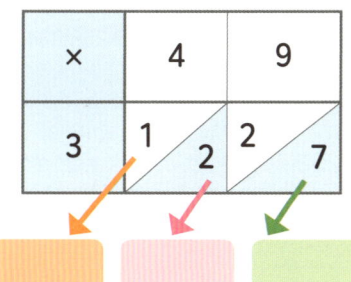

49 × 3 =

백의 자리 숫자는 (　)
십의 자리 숫자는 (　)
일의 자리 숫자는 (　)

20 손가락으로 하는 곱셈구구

❓ 5단까지의 구구단을 안다면 6, 7, 8, 9단의 곱셈구구는 손가락으로 할 수 있어요.

① 7×7을 계산한다면, 가로 선 아래에 7번 손가락을 놓아 보세요.

② 가로 선 위에 있는 손가락 개수를 곱하면 일의 자리 숫자가 나와요. 3×3=9

③ 가로 선 아래에 있는 손가락 개수를 더하면 십의 자리 숫자가 나와요. 2+2=4

④ 따라서 7×7의 값은 십의 자리 숫자 4와 일의 자리 숫자 9로, 49가 되지요.

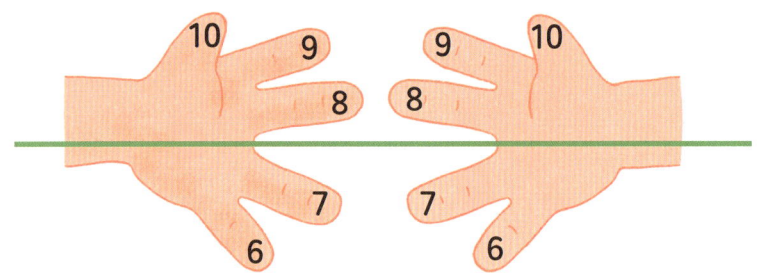

➡ 손가락 개수를 각각 곱하면 일의 자리 숫자가 나와요. 3×3=9

➡ 손가락 개수를 각각 더하면 십의 자리 숫자가 나와요. 2+2=4

❓ 위와 같은 방법으로 7×8을 구해 보세요.

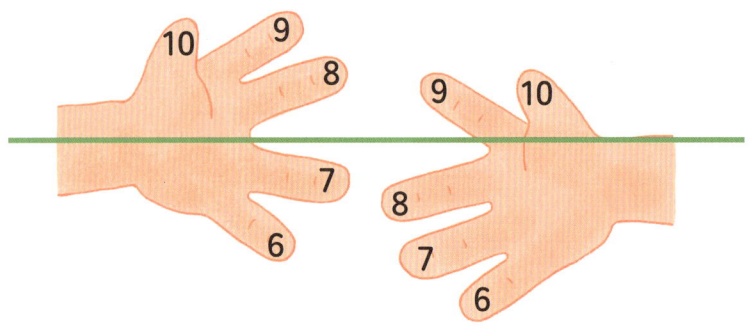

❓ 위와 같은 방법으로 6×6을 구해 보세요.

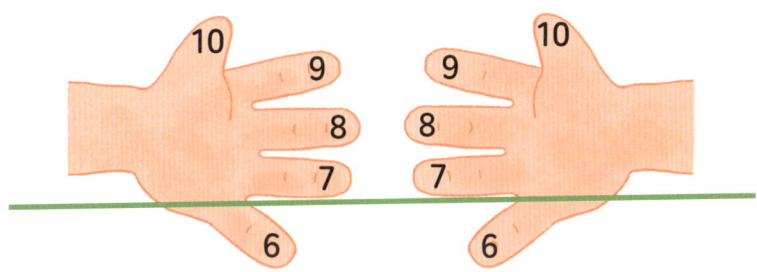

❓ 위와 같은 방법으로 7×9를 구해 보세요.

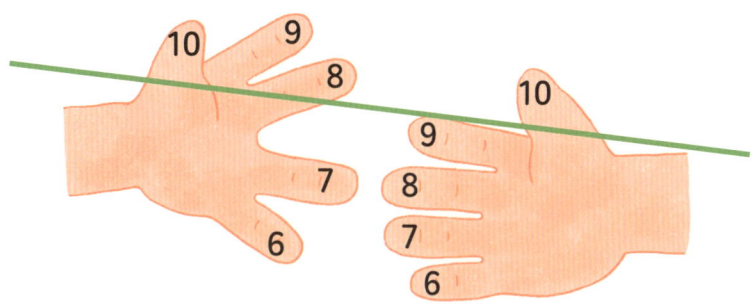

❓ 위와 같은 방법으로 8×9를 구해 보세요.

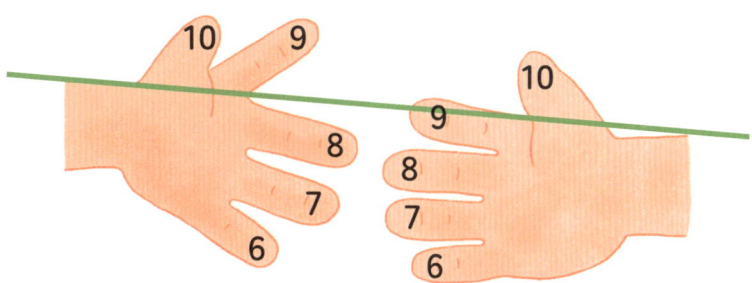

27 계산기로 알아 보는 곱셈 마술

① 계산기에 8을 빼고 12345679를 입력하세요.
② 곱하기(×) 버튼을 누르고
③ 9단에 있는 숫자(9, 18, 27, 36, 45…) 중 하나를 입력한 후
④ 등호(=) 버튼을 누르면 어떤 값이 나올까요?

? 계산기를 이용해 아래 표를 채워 보세요.

12345679	×	9	=	111,111,111
12345679	×	18	=	222,222,222
12345679	×	27	=	
12345679	×	36	=	
12345679	×	45	=	
12345679	×	54	=	
12345679	×	63	=	
12345679	×	72	=	
12345679	×	81	=	
12345679	×	90	=	
12345679	×	99	=	
12345679	×	108	=	

2장 | 곱셈구구 활용하기

1. 두 가지 방법으로 묶기

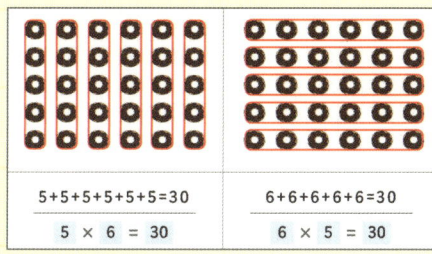
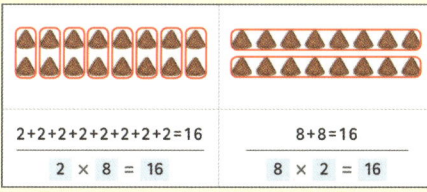
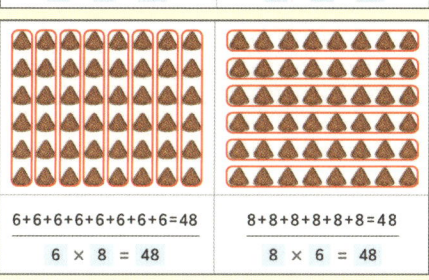

3. 같은 곱셈식 연결하기

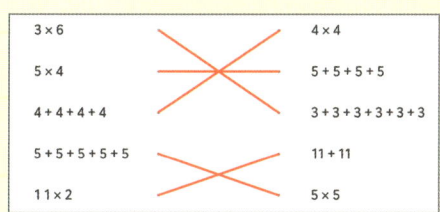
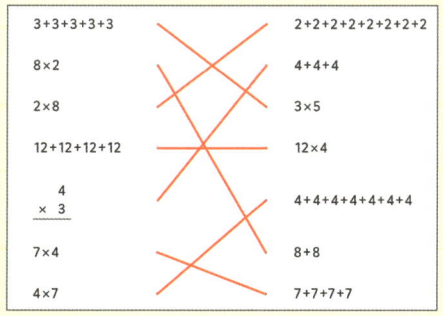

4. 결과가 같은 곱셈식 찾기

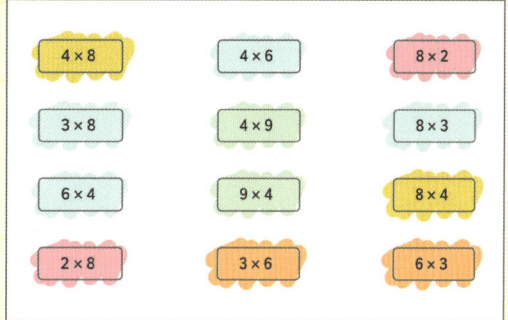

5. 원반 돌리며 곱셈하기

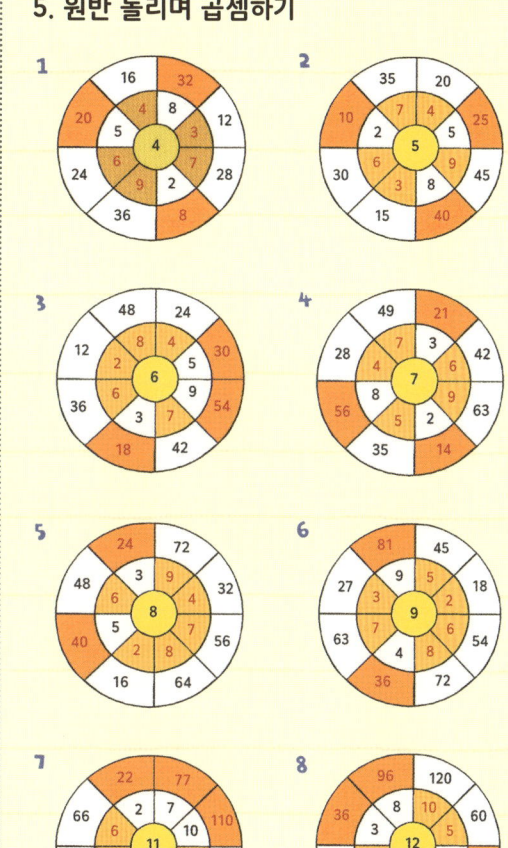

115

6. 곱셈식을 막대로 나타내기

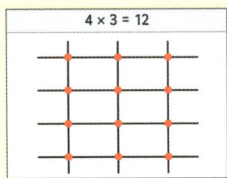
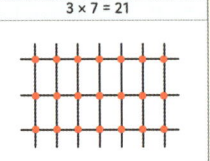
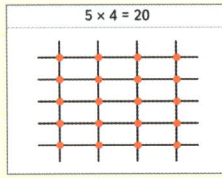
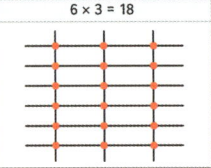
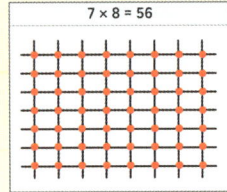
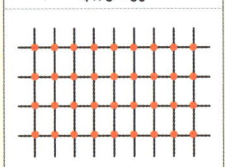
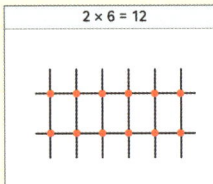
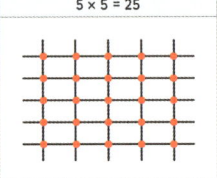
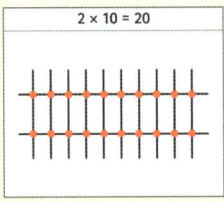
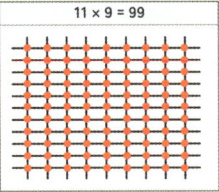

7. 동물의 다리 수로 알아보는 곱셈식

1. 4 × 9 = 36
2. 0 × 3 = 0
3. 6 × 5 = 30
4. 8 × 5 = 40
5. 2 × 6 = 12
6. 4 × 9 = 36

8. 구구단 색칠하기

9. 곱셈으로 돈 계산하기

1. (5000) × (5) = (25000)   25000원
2. (10000) × (7) = (70000)   70000원
3. (10000) × (2) = (20000)
   (50000) × (3) = (150000)
   20000원 + 150000원 = 170000원
4. (10000) × (8) = (80000)
   (50000) × (8) = (400000)
   80000원 + 400000원 = 480000원

10. 구구단 스무 고개

1. 3 × 3 = 9
2. 5 × 7 = 35
3. 9 × 8 = 72
4. 5 × 5 = 25
5. 4 × 6 = 24

11. 점으로 알아 보는 곱셈구구

1
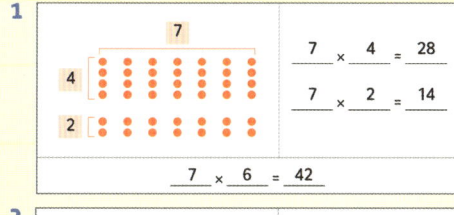

2
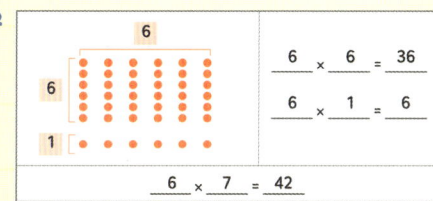

3
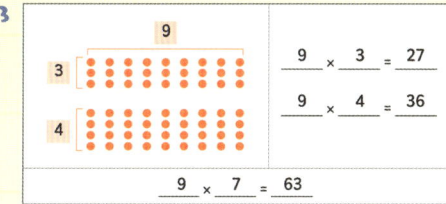

4
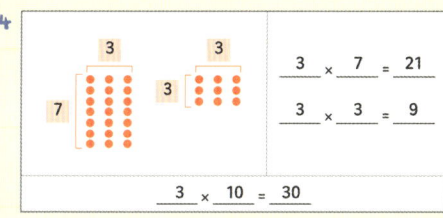

5
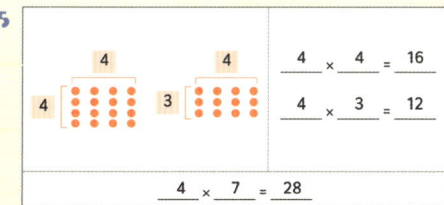

12. 사각형으로 묶기

1
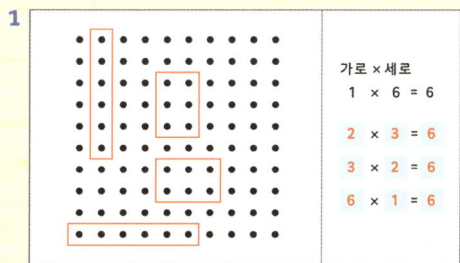

2
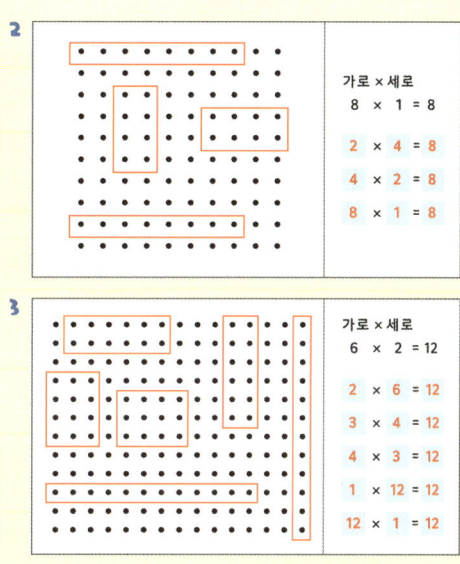

3
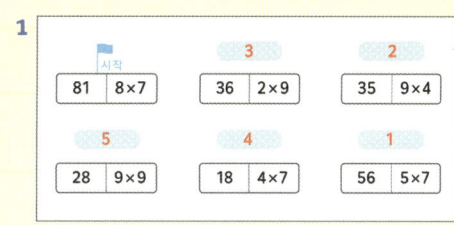

13. 곱셈 도미노

1
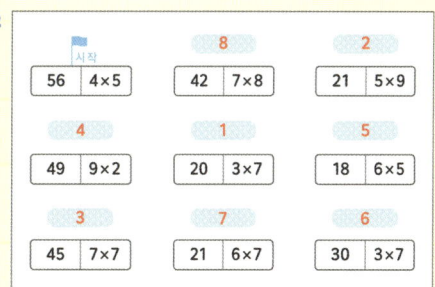

2
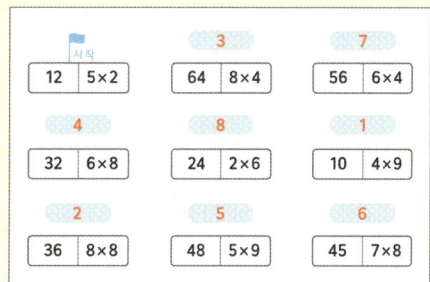

3

14. 외톨이 숫자 찾기

1 ③ 3만 빼고 모두 7단 곱이다.
2 ⑱ 18만 빼고 모두 4단 곱이다.
3 ㉖ 26만 빼고 모두 8단 곱이다.
4 ㊱ 86만 빼고 모두 9단 곱이다.
5 ⑧ 8만 빼고 모두 3단 곱이다.
6 ㉗ 27만 빼고 모두 6단 곱이다.
7 ㉔ ⑫ 24와 12를 빼고 모두 7단 곱이다.
8 ㊱ ㊻ 36과 46을 빼고 모두 8단 곱이다.

15. 연속한 세 숫자의 비밀

연속한 숫자 4, 5, 6
→ ① 맨 앞과 끝에 있는 숫자의 곱 4 × 6 = 24
→ ② 가운데 있는 숫자를 두 번 곱한 값 5 × 5 = 25
규칙 : ①번 값이 ②번 값보다 1 작다

연속한 숫자 6, 7, 8
→ ① 맨 앞과 끝에 있는 숫자의 곱 6 × 8 = 48
→ ② 가운데 있는 숫자를 두 번 곱한 값 7 × 7 = 49
규칙 : ①번 값이 ②번 값보다 1 작다

16. 모눈 칸 곱셈하기

×	0	1	2	3	4	5	6	7	8	9
0	0	0	0	0	0	0	0	0	0	0
1	0	1	2	3	4	5	6	7	8	9
2	0	2	4	6	8	10	12	14	16	18
3	0	3	6	9	12	15	18	21	24	27
4	0	4	8	12	16	20	24	28	32	36
5	0	5	10	15	20	25	30	35	40	45
6	0	6	12	18	24	30	36	42	48	54
7	0	7	14	21	28	35	42	49	56	63
8	0	8	16	24	32	40	48	56	64	72
9	0	9	18	27	36	45	54	63	72	81

×	1	5	8	2	4	6	9	0	3	7
7	7	35	56	14	28	42	63	0	21	49
0	0	0	0	0	0	0	0	0	0	0
5	5	25	40	10	20	30	45	0	15	35
9	9	45	72	18	36	54	81	0	27	63
3	3	15	24	6	12	18	27	0	9	21
1	1	5	8	2	4	6	9	0	3	7
8	8	40	64	16	32	48	72	0	24	56
4	4	20	32	8	16	24	36	0	12	28
2	2	10	16	4	8	12	18	0	6	14
6	6	30	48	12	24	36	54	0	18	42

×	2	0	5	7	3	9	6	8	1	4
4	8	0	20	28	12	36	24	32	4	16
1	2	0	5	7	3	9	6	8	1	4
5	10	0	25	35	15	45	30	40	5	20
8	16	0	40	56	24	72	48	64	8	32
6	12	0	30	42	18	54	36	48	6	24
0	0	0	0	0	0	0	0	0	0	0
3	6	0	15	21	9	27	18	24	3	12
7	14	0	35	49	21	63	42	56	7	28
9	18	0	45	63	27	81	54	72	9	36
2	4	0	10	14	6	18	12	16	2	8

×	2	4	5	1	3	7	12	9	6	0	8	11	10
9	18	36	45	9	27	63	108	81	54	0	72	99	90
0	0	0	0	0	0	0	0	0	0	0	0	0	0
11	22	44	55	11	33	77	132	99	66	0	88	121	110
12	24	48	60	12	36	84	144	108	72	0	96	132	120
3	6	12	15	3	9	21	36	27	18	0	24	33	30
10	20	40	50	10	30	70	120	90	60	0	80	110	100
5	10	20	25	5	15	35	60	45	30	0	40	55	50
7	14	28	35	7	21	49	84	63	42	0	56	77	70
8	16	32	40	8	24	56	96	72	48	0	64	88	80
2	4	8	10	2	6	14	24	18	12	0	16	22	20
1	2	4	5	1	3	7	12	9	6	0	8	11	10
4	8	16	20	4	12	28	48	36	24	0	32	44	40
6	12	24	30	6	18	42	72	54	36	0	48	66	60

17. 구구단 그림

×	1	2	3	4	5	6	7	8	9
1	1	2	3	4	5	6	7	8	9
2	2	4	6	8	10	12	14	16	18
3	3	6	9	12	15	18	21	24	27
4	4	8	12	16	20	24	28	32	36
5	5	10	15	20	25	30	35	40	45
6	6	12	18	24	30	36	42	48	54
7	7	14	21	28	35	42	49	56	63
8	8	16	24	32	40	48	56	64	72
9	9	18	27	36	45	54	63	72	81

×	1	2	3	4	5	6	7	8	9
1	1	2	3	4	5	6	7	8	9
2	2	4	6	8	1	3	5	7	9
3	3	6	9	3	6	9	3	6	9
4	4	8	3	7	2	6	1	5	9
5	5	1	6	2	7	3	8	4	9
6	6	3	9	6	3	9	6	3	9
7	7	5	3	1	8	6	4	2	9
8	8	7	6	5	4	3	2	1	9
9	9	9	9	9	9	9	9	9	9

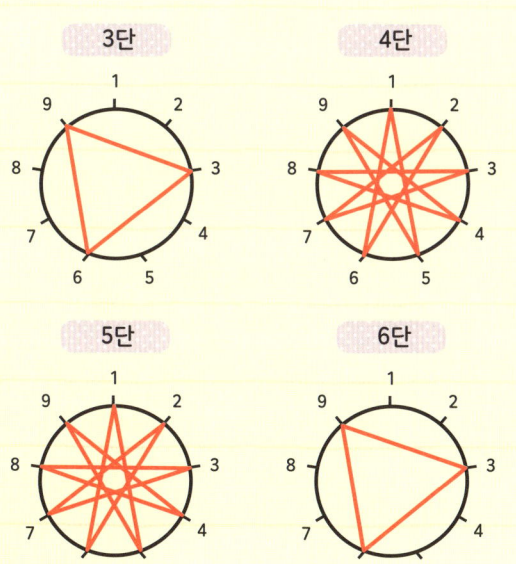

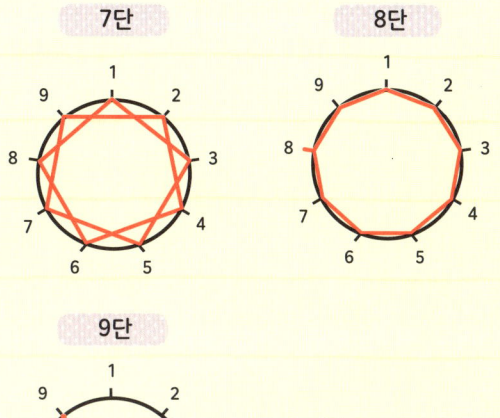

(3)단, (6)단
(4)단, (5)단
(2)단, (7)단

- 3단과 6단의 자릿수근은 3, 6, 9가 반복된다.
- 8단의 자릿수근은 8부터 1씩 작아진다.
- 9단의 자릿수근은 모두 9이다.
* 또 어떤 규칙이 있는지 더 찾아보세요.

18. 구구단에 숨은 비밀

5	×	5	=	25	=	(8 × 3)	+	1
7	×	7	=	49	=	(8 × 6)	+	1
9	×	9	=	81	=	(8 × 10)	+	1
11	×	11	=	121	=	(8 × 15)	+	1

19. 네이피어 곱셈 막대

26 × 5 = 1 3 0

백의 자리 숫자는 (1)
십의 자리 숫자는 (3)
일의 자리 숫자는 (0)

49 × 3 = 1 4 7

백의 자리 숫자는 (1)
십의 자리 숫자는 (4)
일의 자리 숫자는 (7)

20. 손가락으로 하는 곱셈구구

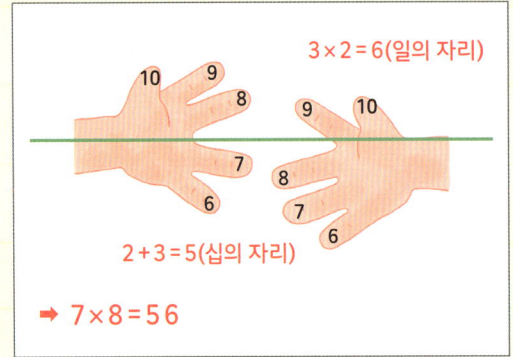

3 × 2 = 6(일의 자리)
2 + 3 = 5(십의 자리)
➡ 7 × 8 = 56

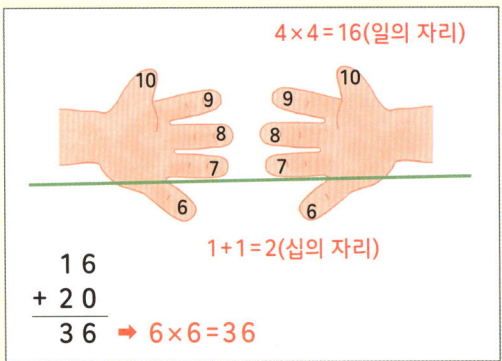

4 × 4 = 16(일의 자리)
1 + 1 = 2(십의 자리)

```
  1 6
+ 2 0
─────
  3 6
```
➡ 6 × 6 = 36

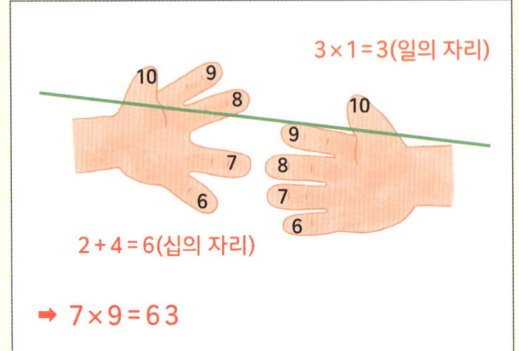

3 × 1 = 3(일의 자리)
2 + 4 = 6(십의 자리)
➡ 7 × 9 = 63

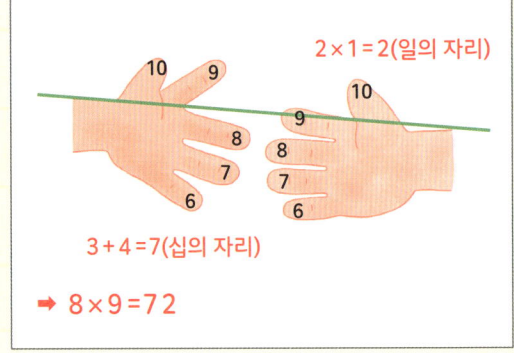

2 × 1 = 2(일의 자리)
3 + 4 = 7(십의 자리)
➡ 8 × 9 = 72

21. 계산기로 알아 보는 곱셈 마술

12345679	×	9	=	111,111,111
12345679	×	18	=	222,222,222
12345679	×	27	=	333,333,333
12345679	×	36	=	444,444,444
12345679	×	45	=	555,555,555
12345679	×	54	=	666,666,666
12345679	×	63	=	777,777,777
12345679	×	72	=	888,888,888
12345679	×	81	=	999,999,999
12345679	×	90	=	1,111,111,110
12345679	×	99	=	1,222,222,221
12345679	×	108	=	1,333,333,332